Anleitung
für
junge Offiziere
zur
Ausübung ihrer Pflichten nach dem Ausmarsche.

Den deutschen Waffengefährten gewidmet

von

J. L. Vogel,
Königl. Preuß. Major v. d. Armee.

Berlin,
gedruckt und verlegt bei G. Reimer.
1842.

Vorrede.

Der im v. J. von dem Verfasser herausgegebene „Preußische Soldat nach dem Ausmarsche" hatte die verschiedenartigsten Beurtheilungen erfahren, welche ohne Zweifel darthun, wie wichtig die in demselben angeregten Gegenstände sind. Noch ältere, an größeren Erfahrungen reichere, oder mit noch mehr Beobachtungsgabe begabte Offiziere fanden sich noch nicht befriedigt; Andere, welche die Gegenstände des Inhalts nicht ernst genug nehmen, fanden sie wohl kleinlich oder überflüssig; noch Andere fanden solche zu preußisch. Einige schenkten der Schrift eben so große wohlwollende Anerkennung, als sie Andere, durch entschieden bösen Willen geleitet, herabzuwürdigen strebten.

Zu den größeren Beurtheilungen gehören:
die Rezension in der allgem. Preuß. Staats-Z. vom 14. August 1841, in welcher bei der größten Anerkennung dem Verf. ein noch tieferes Eingehen in die Details empfohlen wird.

Die Kritik in der allg. Mil. Z. No. 87. scheint aus dem Grolle eines Militärschriftstellers entsprungen zu sein, der, nur mit der Verwendung des Soldaten beschäftigt, dessen geistige Erziehung ganz übersehen hatte, und sich daher durch das Erscheinen dieser Schrift höchst unangenehm berührt finden mochte. Dies allein könnte es erklären, warum derselbe auf eine absichtlich gesuchte, auffallend feindselige Weise eine leidenschaftliche Beurtheilung führt, in welcher er, wie es Jeder selbst finden wird, der sich die Mühe nehmen möchte, dieselbe zu lesen, nicht bloß die Ansichten eines Andersdenkenden auf eine verletzende und absprechende Art zu verdächtigen sucht, sondern auch ein Gleiches hinsichts eines historischen, den großen König betreffenden, und der ganzen Welt bekannten Faktums, zu thun wagt.

Der Rez. in der Mil. Z. 22. Bd. 6. H. gefällt sich hauptsächlich, alles, was unverkennbar in Bezug auf Reisemärsche gesagt ist, auf Märsche in der Nähe des Feindes anwenden zu wollen, wohin es natürlich nicht paßt, und daher Stoff zu vielen Widerlegungen und Tadel abgiebt.

Der Rez. in der Mil. Z. 23. B. 3. H. u. f. ist ein hochgestellter deutscher Offizier, der sich aus unverkennbar großem Interesse für die Gegenstände einer sorgfältigen Durchsicht der Schrift unterzogen hat, dessen Beurtheilung, auf große Kenntniß des

Menschen und der dienstlichen Verhältnisse basirt, auch die gründlichsten Belehrungen und Tadel enthält, durch welche Verf. vielfach berichtigt und ergänzt wird. Er wolle es daher genehmigen, daß viele seiner lehrreichen Erfahrungen und Urtheile dieser Abhandlung einverleibt werden.

Die größte Ehre indeß, welche dem oben bemerkten Werke zu Theil geworden ist, und dem Verf. vollkommene Genugthuung gewährte, war die von Sr. Excellenz dem General der Infanterie und Kriegsminister, Herrn von Boyen, mit allerhöchster Genehmigung Sr. Majestät des Königs der Königl. Preuß. Armee gewordene Empfehlung desselben. Für diese nur allein geschrieben, durfte es auch alles das enthalten, was dazu dienen konnte, den preußischen Soldaten in seiner eigenthümlichen Stellung, welche er nach der in seiner Art einzigen, bisher weder ganz erkannten, noch gewürdigten Heeresorganisation in seinem Vaterlande einnimmt, gebührend darzustellen, um denselben zu heben.

Daß Erfahrungsgegenstände, als solche, einer verschiedenen Ansicht und Beurtheilung unterliegen würden, war vorauszusehen. Da indessen der Verf. kein Vorbild hatte, indem er, nach dem Zeugnisse des zuerst angeführten Rez. selbst, der Erste ist, der solche Gegenstände behandelte, und vielleicht auch der Erste, der dem Menschen eine solche Aufmerksamkeit widmete, so durfte er, mochte auch sein Thema nicht vollständig durchgeführt worden sein, um so mehr auf eine schonende Kritik rechnen, da seine Schrift viele Gegenstände berührte, die zeither noch von keinem Schriftsteller, und selbst nicht von denjenigen, welche die Militärliteratur zu erschöpfen suchen, irgend einer Erwähnung oder Beachtung gewürdigt worden waren. Verf. ist auch völlig überzeugt, aus seiner Schrift, die jetzt theilweise getadelt wurde, so manches Citat bei spätern Schriftstellern unter günstigen Gesichtspunkten aufgeführt zu finden, so wie man bereits angefangen hat, sie auszubeuten.

Was nun die aufgestellten Erfahrungsgrundsätze und Ueberlieferungen aus dem praktischen Kriege betrifft, gegen welche der zweite und dritte der angeführten Rez. nicht bloß Zweifel erhoben, sondern auch ihre Wichtigkeit geläugnet haben, so mögen solche freilich den bloßen Theoretikern fremd, oder in der Praxis zweifelhaft sein; desto weniger dürfen sie aber das Urtheil der Praktiker scheuen, und Verf. hat hierüber die aufmunterndsten Anerkennungen von alten erfahrnen Offizieren und höchsten Vorgesetzten erhalten, von welchen viele, von noch mehr Wahrnehmungsgeist, als derselbe, ihn durch Mittheilung der ihrerseits gemachten Erfahrungen bereicherten. Sie sind allerdings nicht neu, ihre Anwendung geschah vielmehr zu allen Zeiten. Seit dem Alterthume haben alle großen Männer, und diejenigen, welche dem Soldaten eine Sorgfalt für seine Erziehung, Leitung, Gesundheit und Erhaltung angedeihen ließen, und ihn zu behandeln verstanden, am Meisten mit ihm ausgerichtet, oder sie sind durch die größten Erfolge dafür belohnt worden. Sie sind daher erprobt, und Verf. selbst, der sie über 17 Jahre als Kompagnie-chef bei Leuten aus der ganzen preußischen Monarchie anwandte, hatte, was Disciplin und Erhaltung der Gesundheit nur betrifft, die Genugthuung, bei den von ihm kommandirten Kompagnien nur sehr wenige gerichtliche Untersuchungen und große Bestrafungen, und stets die wenigsten Kranken gehabt zu haben. —

Die eigentliche Rolle im Kriege spielt der Mensch, durch welchen Alles ausgeführt und erreicht wird. Aber dem Menschen selbst ist, soviel auch über Krieg und Kriegführung geschrieben wurde, verhältnißmäßig viel zu wenig Aufmerksamkeit geschenkt worden. Viele Erfahrungen aus dem Kriege gehen unmittelbar nach demselben verloren, und die über die Behandlung des Soldaten wurden bisher in der Regel als überflüssig, entbehrlich, oder sich von selbst verstehend, gar nicht aufgezeichnet, wodurch viele unschätzbaren Erfahrungen verloren gingen, die erst wieder erworben, und die stets mit vielem Schaden, oft durch große Opfer, neu gewonnen werden müssen.

Verf. hat es daher für Pflicht gehalten: viele

solcher nützlichen Erfahrungen aus dem praktischen Kriege der Vergessenheit zu entreißen, in Erinnerung zu bringen, und durch Ueberlieferung zu erhalten; sie durch Zusammenstellung mit bereits allgemein bekannten Grundsätzen, Aussprüchen und Winken geistvoller Männer und Soldatenfreunde im Sinne der jetzigen Zeit, der in den deutschen Armeen bestehenden Verhältnisse, und der gegenwärtigen Anforderungen an den Soldaten zu verbinden; viele neue Erfahrungen und Ansichten, welche nach seiner Meinung geeignet sind, das Wohl einer Armee zu fördern, dazu zu fügen; und das Ganze in einem geordneten Zusammenhange dem des praktischen Krieges noch unkundigen Offiziere vorzuführen.

Der hierbei vorschwebende Zweck war kein anderer, als, dazu beizutragen: daß dem Soldaten alle Aufmerksamkeit, und eine ehrenvolle Behandlung geschenkt, ein guter Geist in demselben erweckt und belebt, sein sittlicher Werth, Achtung seiner selbst und seiner Ehre erhalten werde, um ihn in seinem Stande und Berufe zu erheben; ferner auf seine selbstständige Ausbildung hinzudeuten; auf Schonung und Erhaltung desselben hinzuwirken und daher für seinen Unterhalt und seine Gesundheit alle Vorsorge dem Offiziere anzuempfehlen; dadurch mehr Leute bei den Fahnen, und dem Vaterlande zu erhalten; eine tüchtige Marschdisciplin zu begründen rc., und endlich den Offizier selbst über diese und andere Verhältnisse nach dem Ausmarsche im Voraus aufzuklären; ihn aufmerksam zu machen, von welcher Seite derselbe hiebei einzugreifen nöthig hat, und was von ihm selbst zu leisten ist. —

Der Verfasser ist zur Herausgabe einer ähnlichen Arbeit für die deutschen Heere aufgefordert worden. Die Lösung dieser Aufgabe ist zwar sehr schwierig, was indessen für die preußische Armee vom Nutzen ist, möchte es auch für die deutschen sein. Ist doch der preußische Volkscharakter ganz der deutsche, Preußen ein Theil des Bundes, und sein König hat sich selbst einen deutschen König genannt. Ganz Deutschland hat auch seine Augen auf Preußen gerichtet, von dem es viel erwartet, aber auch sicher erwarten kann, da die Gesinnungen Preußens sich bei jeder Gelegenheit für das allgemeine Wohl Deutschlands offenbaren, und sein König, Volk und Heer von dem Gefühle beseelt werden, mit den Deutschen nothwendig eng verbunden zu bleiben.

In dieser Ausgabe hat Verf. alles das weggelassen, was unmittelbar nur auf die preußische Armee Bezug hatte, so wie dasjenige, was ihm als zu scharf ausgesprochen bezeichnet worden war; nichts iedoch von dem, was aus vielseitiger Kriegserfahrung gezogen, was geschichtlich erwiesen ist, einen praktischen Nutzen verspricht, und einer Armee zu Gute kommen kann, wenn es auch als völlig neu erscheint. Dieselben Gegenstände wie in „Preußischen Soldaten nach dem Ausmarsche" abhandelnd, hat derselle dessen Inhalt jedoch wesentlich verändert, verbessert, ergänzt, vervollständigt, und weiter durchgeführt, mehrere Abschnitte aber z. B. den über die Gesundheit, völlig umgearbeitet. Letzteres ist auch mit dem Abschnitte „Bestrafungen" geschehen, weil nach der Ansicht des Verf. viel darauf ankommt, richtig zu strafen, und diese Abhandlung da nicht fehlen darf, wo es sich um die Behandlung des Soldaten handelt, obwohl einer der Rez. dieselbe für überflüssig hielt.

Den eigentlichen Krieg selbst ausschließend, hat Verf. vielmehr nur: die fortgesetzte Ausbildung des zum Kriege geschickt gemachten Garnisonsoldaten nach dem Ausmarsche; dessen größere Selbstständigkeit und Brauchbarkeit im Kriege; sein das Vaterland und die Fahnen gleich ehrendes würdiges Auftreten; die möglichste Vorsorge für denselben; und die Hinlenkung der Aufmerksamkeit im Voraus auf solche Verhältnisse und Zustände, deren Wahrnehmung und, Kenntniß bei Zeiten vor Schaden und Nachtheil bewahren, vor Augen gehabt, und die Friedensausbildung nur hie und da berührt, wenn es ihm schien, auf einen Zweig derselben einen besondern Werth legen zu müssen, um durch dessen Aneignung eine desto größere Tüchtigkeit dem Feldsoldaten zu verleihen.

Da es von der größten Wichtigkeit ist, daß in Armeen, wie die deutschen, welche eine verschiedene Organisation haben, aber zu gleichen Bestimmungen und zu gleichen Zwecken bestehen, nach übereinstimmenden Grundsätzen verfahren werden möge, diese aber bis jetzt noch nicht bestehen, so möge gegenwärtige Abhandlung als Versuch hiezu gelten, und in dieser Hinsicht rechnet Verf. auf einige Anerkennung bei den deutschen Heeren ebenso, als auf eine unparteiische Kritik. Er wird Berichtigungen erfahrner Praktiker mit Dank annehmen, übelwollenden Tadlern es aber überlassen, etwas Besseres an den Tag zu bringen. —

Schließlich will sich Verf. noch ein für allemal gegen den Vorwurf hier verwahren, der vielleicht von Feinden des moralischen Einflusses Preußens auf seine deutschen Nachbarstaaten ihm gemacht werden könnte: daß er nur dahin strebe, die Heere des deutschen Bundes zu preußischen zu machen. Nirgends hat der Verf. eine solche ihm fern liegende Tendenz durchblicken lassen! Er lebt in dem Hochgefühle der Vortrefflichkeit des preußischen Militärsystems, weiß aber auch, daß dieses noch kein Ideal ist, und hat überhaupt nur die Erfahrungen seines eigenen militärischen Lebens ohne bestimmte Beziehungen auf bestehende Verhältnisse in den einzelnen Bundesstaaten zu dem Zwecke der Oeffentlichkeit übergeben, um auf eine geistige Einheit der deutschen Armeen hinzuwirken, die unendlich höher steht, als gleicher Schnitt der Uniformen und gleiches Exerzierreglement. Wie man diesen Geist, der Deutschlands Heeren einem gemeinsamen Feinde gegenüber eine größere Kraft verleihe, oder sie unüberwindlich mache, erzeuge, naturgemäß und ohne kleinliche Nachahmung einzelner Institutionen Preußens, oder einer andern Macht, dazu hat er Materialien liefern wollen.

Wo der Verf. aber angedeutet hat, daß Preußen die richtigen Mittel zu diesem Ziele ergriffen hat, da mußte er sie auch allgemein empfehlen, nicht weil sie der preußischen Militärverfassung angehören, sondern, weil sie die den aufgestellten allgemeinen Grundsätzen entsprechenden sind. — Soviel für engherzige scheelsüchtige Kritiker der gedachten Art, zumal man in neuester Zeit das alte ausgesungene Lied von Preußens Hegemonie, wahrlich nur zu dessen Ruhme, wieder anzustimmen beginnt.

Inhalt.

Druckfehler.

S.	21	Z.	12	v. o.	lies	werden	st. worden
—	29	—	7	v. u.	—	Reiter	st. Reirer
—	55	—	10	v. u.	—	und	st. unb
—	60	—	2	v. u.	—	mußte	st. müssen
—	63	—	3	v. v.	—	noch	st. nach
—	64	—	6	v. u.	—	Leute	st. Lente
—	72	—	4	v. o.	—	unterrichtet	st. unterrichte
—	80	—	2	v. u.	—	Reden	st. Reben
—	85	—	3	v. u.	—	auf	st. auf
—	95	—	11	v. o.	—	noch	st. nach
—	111	—	4	v. o.	—	knüpft	st. knupft
—	119	—	9	v. o.	—	der Makel	st. das Makel
—	124	—	2	v. u.	—	seit	st. seil
—	124	—	2	v. u.	—	der den Regimentern	st. der Regimentern.

Einleitung.

In der letzten Zeit waren die Bemühungen unverkennbar dahin gerichtet, die mancherlei noch bestehenden Hindernisse, welche zeither die verschiedenen Staaten des deutschen Bundes von einander trennten, hinweg zu räumen, diese durch mehr übereinstimmende Einrichtungen einander näher zu bringen, und hierdurch dem allgemeinen Streben der deutschen Völker nach einer kräftigen Einheit entgegen zu kommen.

In kommerzieller Beziehung hatte der Zollverein, dieser für die allgemeine Wohlfahrt und Vereinigung der Deutschen höchst wichtige, und daher auch wahre „Nationalverband für alle Zeiten" dasselbe bereits vor längerer Zeit zu bezwecken gesucht, und in sofern derselbe seit dem Bestehen des Bundes zuerst das Einheitsgefühl in den Deutschen lebendig erzeugte, das sich seitdem täglich mehr entwickelt und bethätigt, bereits schöne Früchte getragen hat, und noch bedeutendere zu tragen verspricht, konnte nach der langen Pause, seit der Vereinigung gegen den allgemeinen Feind, kein mächtigerer Hebel, als diese zweckmäßige Maßregel dazu dienen, den deutschen Gemeingeist zu erwecken, die Regierungen und ihre Völker einander zu nähern, und die deutsche

Kraft zu befestigen. Daher läßt sich erwarten, daß auch diejenigen wenigen Staaten, welche in dieser Hinsicht noch isolirt stehen, nicht länger anstehen werden, ihr eigenes Interesse mit dem des Ganzen zu verbinden.

So ist auch die Vertheidigung des Bundes nicht nur neuerdings ernstlich in Ueberlegung genommen, und seine Wehrhaftigkeit neuen Erörterungen unterworfen worden, sondern es ist auch, was weit mehr bedeutet, das Bestreben sichtbar geworden, die verschiedenen Heertheile selbst, zum Näherbekanntwerden, in Berührungen mit einander zu bringen. Daraus entspringen die schönen Tugenden der Kameradschaft, Eintracht und Anhänglichkeit, die ohne Zweifel von den wohlthätigsten Folgen für die Zukunft für das große, aus so vielen verschiedenen Bestandtheilen zusammengesetzte Heer sein werden, die bestimmt sind, einst vereint zu fechten, und die daher schon im Frieden nothwendig eng verbunden sein müssen, wie sich dieses unter andern in dem 8ten deutschen Armee-Korps auf eine erfreuliche Weise kund giebt.

Zahlreiche Armeen stehen dem Bunde zur Verfügung bereit, um die Artikel 2 und 11 der deutschen Bundesacte zu verwirklichen, und wenn auch der Artikel 18 derselben, „möglichst gleichförmige Grundsätze für die Militärpflichtigkeit anzuordnen," noch nicht in Ausführung gebracht ist, so wird letzteres doch mit der Zeit erwartet werden können. Das allgemeine Streben nach Einigkeit, gleichen Einrichtungen, nach Einheit und Vereinigung, die mehr als jemals zum fühlbaren Bedürfniß geworden sind, schließt auch den Wunsch nach solchen in dem Heerwesen der Staaten um so mehr ein, als die jetzt so verschiedenartig organisirten Theile des großen Bundesheeres einer einigen Heerverfassung bedürfen möchten. Nicht gleiche Tracht, wohl aber gleiche Einrichtungen, gleiche

Bestimmungen, und vornemlich ein gleicher Geist, der sie beseelen, und zu einem Ganzen verbinden muß, werden die nothwendige Uebereinstimmung hervorbringen. —

Die Bevölkerungen der deutschen Staaten unterscheiden sich zwar in Sitten, Lebensweise, Körperlichkeit, in Gewohnheiten, Beschäftigungen und im Charakter beträchtlich von einander, doch werden sie durch ausgezeichnete Eigenschaften, große Tugenden und die gemeinsame Sprache desto fester an einander geknüpft. Die ehemalige Unterscheidung der Süd- und Norddeutschen hat nur noch auf die verschiedene Körpergröße Anwendung; sonst geben sich dieselben guten deutschen Gesinnungen durch alle Gebiete gleich kund. Der einzige jetzt noch geltende Unterschied in der Bevölkerung ist der, „daß alle Nichtdeutschen in Deutschland den eigentlichen Deutschen in der Bildung nachstehen.“

Alle Deutschen zeichnen sich durch treue Anhänglichkeit und Ergebenheit an ihre Fürstenhäuser besonders aus. Ihre Tapferkeit ist bekannt und sprichwörtlich und haben sie dieselbe neuerdings mit und gegen Napoleon wieder dargethan. Einige Volksstämme insbesondere bewahren seit den ältesten Zeiten als ausgezeichnet gute Soldaten steten ungeschmälerten Ruf. Deutsche Treue, Redlichkeit, deutscher Fleiß, die deutsche Kraft und Geradheit ꝛc. werden auch von fremden Völkern anerkannt.

Mit vieler Körperkraft begabt, wird der Deutsche in der Ausdauer nur von dem Russen, in der Lebhaftigkeit nur von dem Franzosen übertroffen. „Sobald der deutsche Landmann, dem es durchaus nicht an Anlagen fehlt, erst einiges Selbstgefühl und Nationalstolz gewinnt, wird er in den guten Eigenschaften eines Soldaten von keinem Bewohner irgend eines europäischen Landes übertroffen: nur eingeschüchtert darf er nicht werden! Dieses widerlegt auch die bisherige, selbst von vielen Deutschen geglaubte Behauptung, als stehe der Deutsche in der körperlichen Gewandheit dem Franzosen nach, vollkommen. Nicht so stolz und störrig als der Engländer, nicht so anmaßend, prahlerisch, eitel, leichtfertig, und händelsüchtig als der Franzose, und nicht so kriechend und demüthig als der Slave, ist der Deutsche vielmehr: ernst, fest, gemüthvoll, herzlich, bescheiden, unverdrossen, verständig, gelehrig, mehr der Vernunft als der Leidenschaft hingegeben, und religiös. Die Worte: Gott, Fürst, Vaterland! finden in dem Herzen des Deutschen einen reinen und mächtigen Anklang; Achtung gegen Gesetz und Recht, Regenten und Regierungen sind ihm angeboren, guter Wille und gutes Gemüth sind aber seine Hauptzüge, beides angeborne moralische Eigenschaften, und zwar positive.

Durch bloßen guten Willen geleitet hat man in allen Kriegen junge Soldaten ohne hinlängliche Erfahrung und zum ersten Male im Feuer die schwierigste Aufgabe alter Soldaten, im mörderischen Einzelngefecht gegen alte geprüfte Soldaten ausdauernd auszuhalten und zu bestehen, glücklich lösen gesehen. „Da im Kriege sehr häufig solche kritische Fälle eintreten, wo der Zweck nur durch den ausdauernden guten Willen des Soldaten erreicht werden kann, und durch diesen und kriegerischen Geist im Kriege überhaupt Alles zu erreichen und zu vollführen ist: so macht diese Eigenschaft den deutschen Soldaten zu den größten Thaten und Aufopferungen geschickt.“ —

Nach Artikel 18 der Bundesacte ist kein Deutscher behindert, in die Militärdienste eines andern der Staaten zu treten; es ist jedoch nicht bekannt, daß von diesem Rechte zu häufiger Gebrauch gemacht werde. Ebenso ist es eine Ausartung der Zeit, daß dem kriegerischen Verdienste nicht überall gebührende Anerkennung gezollt wird, und daß die Neigung zum Soldatenstande bei Vornehmen und Reichen auf eine sehr unerfreuliche Weise in einigen Bundesstaaten abgenommen hat. Dagegen findet nur in einem einzigen Staate ein zu großer Andrang junger Männer zum Militär Statt. Es ist dieses Preußen, wo sich der Sinn für das militärische Leben im Volke am meisten ausgebildet hat, welchen die Staatsverfassung auch auf alle Art und Weise begünstigt, das daher auch allein diese ehrenvolle Eigenthümlichkeit besitzt! Das Militärsystem dieses Staates, in der eigenen Bevölkerung eingewohnt, und von ihr werth gehalten, gewinnt immer mehr Würdigung bei den Deutschen, und dürfte wohl von ihnen mit der Zeit, wenigstens in seinen Grundzügen, zum Muster genommen werden.

Die deutschen Armeen sind sämmtlich zum Kriege vorbereitet, mit allem erforderlichen Material versehen, und so beschaffen, daß sie ohne Verzug verwendet werden können; jedoch sind auch hierin einige Staaten den andern bedeutend voraus. In einigen Staaten bestehen Landwehren. Für die am meisten kriegsbereit und schlagfertig gehaltene dürfte die Landwehr Preußens, das überhaupt in den Entlassenen die meisten Vorräthe an in den Waffen Geübten besitzt, gelten, auf welche in diesem Staate der größte Werth gelegt wird, und die, als der eigentliche Kern seiner großen Armee, dem stehenden Heere zum Muster und Vorbild gehalten, auch deshalb von einem Geiste beseelt wird, der seinesgleichen nicht hat. In den übrigen Staaten, die keine Landwehr haben, sind blos bundesmäßige Contingente mit Kriegsreserven vorhanden.

Obwohl in den meisten Bundesheeren eine verhältnißmäßig lange Dienstzeit die Zahl der in die Landwehren und

Reserven Tretenden sehr vermindert, in einigen derselben auch die Verpflichtung, in der Reserve zu verbleiben, auf zu kurze Zeit besteht, so ist dennoch eine so große Zahl von Waffengeübten vorhanden, daß der Bund, auch ohne die Freiwilligen, von welchen beim Ausbruche eines Krieges ein großer Zulauf zu erwarten steht, wehrhafter als die meisten europäischen Länder erscheint, so wie überhaupt zu erwarten steht, daß bei einem Uebergange zum Kriege außerordentliche Anstrengungen von den Staaten gemacht werden. Die bei der letzten Kriegsgefahr laut gewordenen Gesinnungen lassen dieses hoffen. Der Bund würde aber die wehrhafteste Macht in der Welt sein, wenn die von den Hauptmilitärstaaten angenommenen Grundsätze allgemeinen Eingang fänden. —

Zu Soldaten eignen sich Landleute am besten, weil sie wegen ihrer natürlichen Unverdorbenheit und vielen guten Willens, auch, wie die Erfahrung lehrt, wegen ihrer häufig guten Anlagen, die sich überdies noch schneller, als bei den Städtern entwickeln, den Vorzug verdienen, und in Ertragung von Beschwerden ausdauernder sind. —

Im Frieden wird der Soldat für den Krieg vorbereitet, erzogen und ausgebildet.

Da die erste Ausbildung des Mannes immer die Grundlage für seine künftige Brauchbarkeit bildet, und daher den größten Einfluß auf seine ganze Laufbahn äußert, so ist es erforderlich: daß alle Leute von guten strengen Exerzirmeistern in der gehörigen Zeit ausexerzirt worden sind; daß ihre ganze Ausbildung nach einer den Anforderungen der jetzigen Kriegführung angemessenen Methode geleitet worden sei, die, jede einseitige Richtung vermeidend, und alles sclavische Wesen ebenso, wie die bloße mechanische und maschinenmäßige Abrichtung verbannend, die äußere Dressur nicht als höchstes und einziges Ziel ansieht; dagegen eine vielseitige Kriegstüchtigkeit bezweckt, in welcher das Bestreben vorherrscht, Geist und Intelligenz zu erwecken, zu beleben, und schneller zu entwickeln; daß neben der Ausbildung in der Waffe auch auf die der Körperkräfte Rücksicht genommen worden sei, um den Mann früh schon an Ausdauer in Ertragung von Beschwerden jeder Art zu gewöhnen; daß den Leuten für den militärischen Dienst ein freudiger Sinn und Interesse, für ihren Stand und Beruf aber Neigung, Lust und Liebe eingeflößt worden sei, wodurch sie denselben als Ehrenstand ansehen; daß sie endlich nicht bloß zu allen Kriegsunternehmungen geschickt gemacht, sondern auch zu moralisch tüchtigen und treuen Vertheidigern des Vaterlandes ausgebildet worden sind!

„Eine solche Ausbildung der physischen und moralischen Fähigkeiten ist die beste Vorbereitung für den Krieg, und eine Armee, nach solchen Prinzipien erzogen, kann ohne Zweifel gleich Anfangs dem Feinde entgegen geführt werden, dem sie dadurch schon imponiren wird; jedenfalls wird sie aber großen Ereignissen gewachsen sein!"

Wenn einer solchen Ausbildung gehörige Zeit, und das erforderliche Interesse für diesen ernsten Beruf geschenkt, und die Leute in allen den Obliegenheiten und Pflichten, welche sie im Kriege zu erfüllen haben, gehörig und gründlich unterwiesen worden sind; wenn dabei das Wichtigste und Wesentlichste nicht zur Nebensache gemacht, die Zeit nicht zu unwesentlichen, noch viel weniger zu unnöthigen, den Geist ertödtenden, und den Soldaten nur mit Widerwillen gegen seinen Stand erfüllenden Dingen verschwendet worden ist, worin ein wahres Versündigen an Fürst und Vaterland liegen würde; wenn die Leute im Frieden nicht zu viel bevormundet wurden, für sie nicht allzuviel gesorgt, ihnen vielmehr überlassen worden ist, selbst für sich zu sorgen, so daß sie zu Allem nur durch eigene Anstrengungen gelangen konnten; wenn endlich in den Soldaten ein guter Geist geweckt und eingewohnt worden ist: alsdann sind sie auch zum Kriege geschickt gemacht worden! Es bleibt ihnen noch in der Praxis des Krieges Vieles zu erlernen! und zwar um so mehr, weil sie im Kriege viel mehr auf sich selbst angewiesen, und ihre geistigen und körperlichen Kräfte weit mehr in Anspruch genommen werden.

„Der aus dem Friedensdienst gezogene Nutzen verbleibt aber, und bildet die Grundlage zu den künftigen Leistungen, da der Krieg nur die Anwendung des im Frieden Erlernten ist, welches um so mehr die Handlungen des Soldaten regeln, und leichter ausführen lassen wird, je gründlicher es erlernt ist.“ „Nur der Krieg lehrt den Krieg! Er ist die beste Kriegsschule und entwickelt das militärische Talent in kurzer Zeit schneller und brauchbarer, als jahrelange Friedensdienste und Studien. Er vervielfältigt die Verhältnisse beständig, augenblicklich und unerwartet, bildet das Urtheil, führt zur Vergleichung aller für das Wohlsein, den Fortbestand, die Unfälle, und den Sieg geltenden Regeln, und verleiht dem Soldaten erst Bewegung, Blut, Geist, Seele, Leben und seinen ganzen wahren Werth.“

Dieser wichtigste Theil der Erziehung kann dem Soldaten in der Garnison nicht beigebracht werden, wenn auch das Streben vorhanden ist, ihm den bestmöglichsten Grad von Ausbildung und Brauchbarkeit für alle denkbar vorkommenden Fälle zu geben. Was selbst den Offizier betrifft, so lassen sich: „eine richtige Beurtheilung des Menschen und dessen, was zur Erhaltung seiner Gesundheit dient; beständige Wachsamkeit über alle Verhältnisse; Angewöhnung an Regelmäßigkeit; Erforschung des Gemüths der Untergebenen; Handhabung der Disciplin; persönliches Beispiel in allen Lagen, und desto mehr Beharrlichkeit, je mehr sich die Umstände schwierig oder mißlich gestalten; die Kunst, Zuversicht und Hingebung in den Untergebenen zu erwecken, oder sie in Begeisterung zu versetzen; sie beständig in seiner Hand haben, und den Willen Aller in den seinigen umzuwandeln verstehen; und selbst der hohe Grad von Vorsorge ꝛc. in dem Friedensdienste entweder nicht in dem Grade, oder gar nicht, wie im Kriege, entwickeln, und daher auch nicht aneignen."

Im Friedensdienste wird man nicht immer gewahr, was der Einzelne im Kriege leisten würde. „Wer im Frieden gut dient, seine Vorgesetzten ehrt, von ihnen alles Gute erwartet, und aus Selbstliebe und Pflichttreue strebt, wegen Haltung, Führung, Diensteifer und vollkommener Pflichterfüllung dem ausgezeichnetsten Theile der Mannschaft anzugehören, der wird auch im Kriege sich und seiner Waffe Ehre machen, und sich auch auf dem Schlachtfelde die erworbene Achtung meistens erhalten," obgleich von ihm nicht behauptet werden kann, daß er deshalb auch der Bravste werden müsse! Nicht Jeder, der von Jugend an bei Pferden gewesen ist, wird deshalb ein guter Reiter; freiwillig eingetretenen Soldaten darf deswegen nicht mit aller Gewißheit Muth zugeschrieben werden; und oft wurden diejenigen Helden, welche bei dem Eintreten in den Dienst geweint haben, oder bei dem ersten Kanonendonner erblaßten!

Was in einem Menschen steckt, weiß oft das Individuum selbst nicht; es ahnt häufig nicht, wozu es bestimmt ist. Dies zeigt sich erst, wenn es an die rechte Stelle gestellt, und ihm Gelegenheit zum Selbsthandeln gegeben wird. Oft gehört indeß auch ein guter Antheil Glück zum Gelingen. Gelegenheit und Umstände machen den Menschen zu Vielem fähig; oft macht ein einziger Augenblick einen Mann! —

Die Leute, aus welchen eine jede Truppe zusammengesetzt ist, sind von der mannigfachsten Art, und sowohl in dem Grade ihrer Ausbildung, als in physischer und moralischer, Hinsicht sehr verschieden. Stets sind Einzelne vorhanden, bei welchen in jeder Hinsicht noch viel zu wünschen bleibt. „Die Jugend des Soldaten selbst ist sonst kein Vorwurf für ihn; im Gegentheile waren ausgezeichnete Feldherrn, und unter ihnen auch Napoleon, der Meinung, was auch die Erfahrung häufig bestätigte, daß alte Friedenssoldaten, die außerdem zu sehr von dem Handwerksmäßigen beherrscht werden, durch lange Dienstzeit keinesweges in dem Grade kriegstüchtiger werden, und daß junge Truppen, wenn sie nur von guten Offizieren angeführt werden, die größten Siege über alte erkämpfen können."

Den nicht ausexerzirten, nur oberflächlich oder von zu nachsichtigen Lehrern ausgebildeten Leuten, welchen außerdem ein guter Geist fehlt, mangeln Gehalt und Tüchtigkeit meist durch ihre ganze Dienstzeit. Dagegen vermögen diejenigen, deren Ausbildung wegen Mangel an Zeit und tüchtiger Instruction zwar lückenhaft ist, die jedoch von dem rechten Geiste beseelt sind, dennoch viel zu leisten, wie die preußische Landwehr 1813.

Vielen fehlt das gewöhnliche Maaß von Kräften. Sie gehören entweder zu denjenigen, deren Körper noch in der Entwickelung begriffen, und daher noch etwas schlaff ist, weshalb sie möglichst geschont, und ihnen Anfangs keine zu großen Anstrengungen zugemuthet werden müssen; oder sie sind mit mancherlei körperlichen Mängeln behaftet, und deshalb eigentlich zu Soldaten untauglich. Bei ungewöhnlich starken, anstrengenden Märschen kann man nicht darauf rechnen, alle fortzubringen. Hierher gehören auch diejenigen, deren Mängel aus einer früheren Lebensweise, wie solche Reichthum, Verfeinerung, Luxus, Trinksucht, Unmäßigkeit, sittenloser Lebenswandel und Entnervung erzeugen, herstammen. Diese thun nicht blos der Truppe schädlichen Eintrag, sondern tragen auch zur Verbreitung eines schädlichen Geistes unter derselben bei.

Einige haben eine dem Kriege ganz entgegengesetzte Erziehung genossen, und wird es schwer, denselben eine Art soldatischen Geistes einzupflanzen. Sie sind bei Unglücksfällen sehr gefährlich. Andere hätten am Besten jeden andern Stand, nur nicht den des Soldaten ergreifen sollen, wie die vielen verzogenen Söhne der Vornehmen, die verweichlichten Großstädter, die Mutter- und Familiensöhnchen, denen das Feldleben wenig oder gar nicht zusagen will, oder zuwider wird.

Mehrere stammen aus den dürftigsten Klassen ab, und ihre moralische Erziehung ist alsdann oft noch nicht vollendet. Dieser Mangel an Vorbildung gestattet nur, sie in der Masse zu gebrauchen. Einigen fehlt der gesunde unbefangene Menschenverstand. Sie gehören entweder zu den sogenannten guten Leuten, die der Autorität sehr bedürfen, oder es sind willenlose schwache Geister, die nur durch Andere fortgebracht werden, und die daher oft zur Verstärkung der Verderbten dienen. Beide Sorten sind das eigentliche Futter fürs Pulver.

Andere sind bereits Verderbte, meist mit einem energischen Charakter, und der Gabe zu verführen ausgestattet; es ist jedoch ein Glück, daß solche in den deutschen Armeen stets nur in geringer Zahl vorhanden sind. Sie müssen so gebändigt werden, daß sie nie die Oberhand gewinnen.

Endlich kommen beim Ausbruche eines Krieges — dann wohl der Armee, die im Frieden davon verschont ist — noch eine Klasse von Subjekten hinzu, die sich bereits in mancherlei Berufen ohne allen Erfolg versucht haben, und denen der ausgebrochene Krieg als letztes Mittel eines anständigen Unterkommens höchst willkommen ist, bei welchen aber nur zu oft eine anscheinende Gewandheit den gänzlichem Mangel aller Moralität verbirgt. Diese Sorte ist meist die thatkräftigste, doch sind die Kriegsartikel besonders für sie geschrieben; Leute dieser Art, die Abenteurer, Vagabonden und sonstigen Taugenichtse, welche eine solche Gelegenheit, ihr Glück zu machen, nicht versäumen, sind, da sie in der Regel nichts zu verlieren, wohl aber alles zu gewinnen haben, meist tapfere Soldaten, sehr bald aber machen sie sich durch Mangel an Ordnung bemerkbar, und sind namentlich nach unglücklichen Gefechten diejenigen, welche ihre Vorgesetzten in Verlegenheit bringen. Ohne moralischen Werth werden sie um so mehr Verführer des einfachen schlichten Mannes, als sie meist sehr beredt sind, und ebenso durch ihr Aeußeres, als ihr Beispiel hinreißen, weshalb sie beständig in Aufsicht und Schranken gehalten werden müssen. Wegen der diesen Klassen inwohnenden Laster, die nur durch die strengste Disciplin unterdrückt werden können, sind Subjekte dieser Art, die weit mehr schaden, als nützen, von jeder Truppe möglichst weit entfernt zu halten.

Der bei weitem größte Theil der Mannschaft ist mit vielen schätzenswerthen Eigenschaften, und guten Gesinnungen ausgestattet, bildungsfähig, lenksam, und belohnt reichlich alle an dieselbe gewendete Mühe. —

Alle diese verschiedenartigen Bestandtheile muß der Kommandirende baldmöglichst zur Einheit bringen, darin erhalten, und mit gleichem Geiste zu beseelen sich angelegen sein lassen. „In keinem Verhältnisse ist es so wichtig, als im Heere, die Untergebenen auf das sorgfältigste zu erforschen. Der Führer muß die Gaben und Fähigkeiten aus der Masse gleichsam herausfühlen, ans Licht bringen, entwickeln, und dahin stellen, wo sie in ihrer Art am nützlichsten werden können."

Die Mängel und Laster, aber auch die besondern Fähigkeiten, vorzüglichen Eigenschaften und Tugenden der Einzelnen treten bei Gelegenheiten hervor, wenn der Soldat die gewöhnlichen Schranken der Regelmäßigkeit verläßt, und werden am meisten durch besondere Ereignisse hervorgerufen, wo der Gang der Ordnung plötzlich unterbrochen, und derselbe in verschiedene Lagen versetzt wird. Da bei solchen Gelegenheiten der Werth oder Unwerth des Menschen besonders an den Tag tritt, so sind die nöthigen Wahrnehmungen nicht zu vernachlässigen. Der Offizier entdeckt alsdann oft die glücklichsten Anlagen durch ein unscheinbares Aeußere verdunkelt in Individuen, die bei fernerem Cultiviren derselben, und sobald dem Manne ein angemessener Wirkungskreis angewiesen worden ist, sich schnell entwickeln, und wie die Erfahrung lehrt, schon so manchen tüchtigen Mann hervor gezogen haben. Dieses ist besonders wichtig für diejenigen Waffen, bei welchen auf eine richtige Auswahl und Stellung einzelner Menschen viel ankommt, wie z. B. bei der Artillerie, bei der die Wirkungsfähigkeit der Waffe davon vorzüglich abhängt, oder für diejenigen, welche während des Krieges ihre Offiziere aus sich selbst ergänzen.

Der Kommandirende muß sich daher früh genug, und soviel als möglich, mit dem Charakter der Leute, ihren Gaben,

Fähigkeiten oder Vorzügen; damit, wozu ein Jeder passe, auf welchen Posten er am besten zu stellen sei rc. auf das Genaueste bekannt machen, um gleich von Anfang einen Jeden auf den geeigneten Platz zu stellen, und muß er die getroffene Eintheilung durch aufmerksames Beobachten prüfen, um sie nöthigenfalls berichtigen zu können. Denn bei richtiger Wahl in der Zusammensetzung der Mannschaft wird nicht nur die Formation der Truppe erleichtert, sondern auch die ganze Vorbereitung zum Marsche, und für den Krieg beschleunigt; auch liegt hierin der Grund für das künftige Auftreten, und die Leistungen des Truppentheils!

Schon bei der Eintheilung der Leute in Korporalschaften, Beritte, Gespanne rc. muß außer der möglichst gleichen Vertheilung nach dem Dienstalter und der Intelligenz, auch noch die nach dem Charakter stattfinden. Aus lauter ruhigen phlegmatischen Leuten bestehend, würde eine solche Genossenschaft zurückbleiben, wogegen sich dieselbe, aus lauter cholerischen zusammengesetzt, nicht gut vertragen würde. Auch würde das nothwendige gegenseitige Abschleifen hiebei unterbleiben. Die Qualität des Unteroffiziers selbst ist sehr maßgebend; dem kräftigsten kann man die Schlimmsten unterordnen. —

Der Offizier soll den Soldaten nicht bloß befehlen können, sondern ihn auch im wahren Sinne des Wortes unter allen Umständen beherrschen.

In Armeen, wo das Volk, und mit ihm der Soldat noch auf einer niedern Stufe der Bildung stehen; in solchen, wo Unwürdige jeder Art aufgenommen werden können, wo also viele und strenge Strafen gesetzlich bestehen müssen, und Furcht vor Strafe vorzugsweise die Handlungen der Soldaten bestimmt, ist das Befehlen eben nicht schwer, weil die

Strafen ebenso das Befehlen erleichtern, als den Vollzug desselben und der Disciplin unterstützen.

Je weniger Unwürdige Zutritt in die Heere erhalten, desto milder dürfen die Strafbestimmungen werden, weil alsdann die Masse aus andern Motiven den Gehorsam leistet, das Befehlen wird aber schwieriger: weil dann alle Befehle weit mehr und genauer erwogen werden müssen! woraus folgt, daß in Nationalheeren, in welche alle Stände, und von diesen selbst nur unbescholtene Subjekte, eintreten, das Befehlen am schwierigsten wird, was wiederum deu hohen Standpunkt bezeichnet, den Offiziere in solchen Armeen erhalten.

In diesem Falle stehen die meisten deutschen Heere! Aber auch in diesen gibt die mildeste Disciplin noch genug Mittel an die Hand, den Befehlen jeder Art, auch ohne weiteres Zuthun, zu jeder Zeit den nöthigen Gehorsam zu verschaffen, und wo es nöthig ist, auch zu erzwingen!

Seit dem letzten großen Kriege haben sich auch noch alle Verhältnisse wesentlich geändert. Der viele und entschieden gute Wille, und angeborne Gehorsam des Deutschen; die allgemein verbreitete Bildung und zunehmende Gesittung des Volks; das jetzige Verhältniß des Soldaten zum Lande, sein früherer und künftiger Stand im Volke; der Eintritt auch der vornehmsten und gebildetsten Stände in die Reihen der Heere; die Sorgfalt, mit welcher schlechte Subjekte von denselben entfernt gehalten werden; die den Vertheidigern des Vaterlandes dadurch von allen Klassen zugewandte Theilnahme und Werthschätzung; und endlich die nothwendig daraus hervorgehende höhere Stellung des Soldaten selbst, der durch sehr bestimmte Verordnungen vor jeder Willkür geschützt ist, und in vielen Armeen nur noch mit wenigen, und meist Ehrenstrafen belegt werden darf; fordern von selbst eine schonende, milde, und humane Behandlung des Soldaten, wenn solche nicht bereits demselben gesetzlich gesichert wäre! Diese Verhältnisse gestatten, den Gehorsam nur ausnahmsweise durch Strafgewalt, sonst aber auf ganz andern Wegen zu erlangen.

Derjenige, welchem ein hoher Grad von Persönlichkeit — eine Eigenschaft, die sich durch mehr oder weniger imponirendes Aeußeres und Auftreten kund giebt — zu Gebote steht, und andere Gaben und äußeren Vorzüge, welche hinreißen, und dem Kommandeur Ansehen geben, ist der Beherrschung der Menge gewiß. Wer aber durch solche Eigenschaften allein regiert, däucht sich selbst genug, und wird dadurch oft verführt, Herkommen und Rücksichten wenig oder gar nicht zu beachten, Bestimmungen und Gesetze wohl gar zu übergehen, und zu Uebergriffen, zur Willkür zu greifen, wodurch dem Untergebenen nicht selten Gewalt angethan wird. Um dieselbe Wirkung hervorzubringen, muß ein Anderer, dem diese Gaben nicht in solchem Grade zu Gebote stehen, andere Hülfsmittel anwenden. Deswegen muß die Art der Erlangung des Gehorsams, und die Anwendung der Mittel dazu auch von den Obern überwacht werden!

„Das Mittel, den Gehorsam durch Ueberredung zu erlangen, darf nicht angewendet werden, es sei denn in dem höchst seltenen Falle, wo die moralische und physische Kraft des Soldaten so erschöpft wäre, daß er in Apathie seinem Tode entgegen sähe, wie auf dem Rückzuge 1812 bei einem Theile der französischen Armee, wo ein Vorgesetzter versuchte, sie zu einer mehr als gewöhnlichen Anstrengung zu ermuthigen, um sie zu retten." Ebenso ist die Maxime der Franzosen, zur größern Beherrschung den Soldaten bei seinen

Leidenschaften zu erfassen, als Regel zu verwerfen, und nur als Ausnahme zu empfehlen. „Im Befreiungskriege wirkte es als ein mächtiger Hebel, wenn man dem Soldaten den Uebermuth des Feindes, und die den Landleuten durch ihn widerfahrnen Bedrückungen, Mißhandlungen und Gewaltthätigkeiten ins Gedächtniß rief.“

Es giebt jedoch ein, wenn auch nicht bequemes, doch allgemeines, für Jedermann anwendbares, unfehlbares und zugleich am Meisten lohnendes und ehrendes Mittel, den unbedingtesten Gehorsam für alle Befehle zu erlangen, zu welchem man auf dem Wege der Menschenkenntniß gelangt, und wobei durch die Kenntniß jedes Einzelnen zugleich ein Jeder gehörig gewürdigt, und einem Jeden gebührende Anerkennung und Gerechtigkeit wird.

Der mit Menschenkenntniß ausgerüstete praktische Führer beherrscht den Soldaten zu jeder Zeit, unter allen Umständen, und ohne demselben einen Zwang anzuthun, am Leichtesten, Sichersten, und mit der größten Wirkung, wobei er selten in Verlegenheit kommt, weil er, von sichern Principien ausgehend, seinen Befehlen auch denjenigen Nachdruck zu geben vermag, der denen, die sich entweder zu wenig mit der Ausübung des praktischen Dienstes befassen konnten, oder sich Kenntniß des Menschen anzueignen nicht vermochten oder versäumten, ganz ermangelt, denn die Grundlage aller Beherrschung war zu allen Zeiten: eine sorgfältige Erforschung des Menschen, wie derselbe denkt, fühlt, urtheilt, und wie er sich hingiebt!

Diesem Allem nach kann es weder für das Wohl des Untergebenen, das Heil der Armee, noch für den Staat gleichgültig sein, nach welchen Grundsätzen die Beherrschung des Soldaten erzielt wird, selbst wenn das Ziel auf dem einen oder andern Wege erreicht wird, wenn auch am Ende die Ausführung im Sinne der gegebenen Bestimmungen und Gesetze den einzelnen Vorgesetzten überlassen werden muß, von welchen jeder, je nach seiner persönlichen Ueberzeugung, dem Bildungszustande, der Denkungsart und der Empfinglichkeit der Untergebenen, sie in seiner Art und Weise ausübt.

Die Macht des Obern zur Beherrschung seiner Untergebenen muß eine moralisch religiöse Grundlage haben! und der Gehorsam darf nur auf dem rechten Wege und durch erlaubte Mittel erlangt werden!

Der strengsten Disciplin unbeschadet, darf der Soldat human behandelt werden, ohne daß der Vorgesetzte dabei etwas von seiner Würde einbüßt. Im Gegentheile ehrt eine solche Behandlung denselben am Meisten, denn durch sie erwirbt er sich die Liebe, Zuneigung und das Vertrauen der Soldaten, durch welche er dieselben nicht blos in den schwierigsten Verhältnissen um so mehr beherrschen, sondern auch sehr oft das unmöglich Scheinende möglich machen kann.

„Der Mensch kann viel leisten, wenn er muß, aber noch viel mehr, wenn er es auch will!"

Behandlung des Unteroffiziers.

Der Unteroffizier steht dem Offiziere am nächsten, welchen er in Handhabung und Ausführung des Dienstes hauptsächlich unterstützt.

Es ist wünschenswerth, daß derselbe eine angemessene Schulbildung besitzt, Sittlichkeit und Ehrgefühl dürfen ihm aber nicht fehlen. Insbesondere muß er mit vollständiger

Kenntniß des Dienstes militärischen Tact, die Eigenschaft, sich Autorität zu verschaffen, Zuverlässigkeit, Pflichttreue, Entschlossenheit, und eine bestimmte Sicherheit des Benehmens verbinden, und durch ein esetztes anständiges Betragen sich auszeichnen.

Von diesen Eigenschaften, dem Eifer und der moralischen Tüchtigkeit der Unteroffiziere hängt die Bildung tüchtiger Soldaten, deren Geist und ganze Brauchbarkeit vorzüglich ab. Es ist daher Pflicht, jene Eigenschaften in den jüngern Unteroffizieren hervorzurufen, in den älteren zu erhalten und zu befestigen, und an dieser Ausbildung auch diejenigen Individuen Theil nehmen zu lassen, welche zum Ersatze vakanter Stellen sich eignen. Dies wird um so unerläßlicher, je jünger die Gemeinen als Männer und Soldaten, und je weniger Offiziere vorhanden sind.

Es ist ferner zu berücksichtigen, daß ein Unteroffizier oft detaschirt wird, und ihm so ein mehr oder weniger selbstständiges Kommando zufällt, weshalb er auch alle zu einer guten Führung erforderlichen Eigenschaften besitzen muß, um erforderlichen Falles jederzeit einen Offizier ersetzen zu können. Auch in dieser Hinsicht muß ihm ein angemessener Wirkungskreis und Gelegenheit zum Selbsthandeln geboten werden. „Oft zeigt der Mensch erst dann, was er vermag, wenn er eine Verantwortlichkeit für seine Handlungen übernehmen muß. Vorzüglich geeigneten Unteroffizieren muß man daher zuweilen die Funktionen des Offiziers übertragen, um zu sehen, ob man sie vorkommenden Falles dazu gebrauchen könne, da ein Unteroffizier, der nie einen Zug geführt hat, — wenn eine Truppe, wie dies nicht selten vorkommt, den größten Theil ihrer Offiziere in einem einzigen Gefechte verliert, — in die größte Verlegenheit gerathen würde."

Die Unteroffiziere, die größtentheils schon eine bessere Erziehung, als der gemeine Mann, genossen, bereits länger gedient haben, und an Jahren und Erfahrung diesen voraus sind, müssen daher durch gründliche Instruktionen weiter gebildet werden, und muß man sich ihre Ausbildung noch viel mehr, als die der Gemeinen angelegen sein lassen, damit sie als **Unterlehrer** und als **Beaufsichtiger** dem Offiziere auch brauchbare **Gehülfen** werden! Mit dem Soldaten wohnend, und fast gleiche Dienste thuend, erhalten sie durch fortwährende Berührungen und beständiges Zusammensein auch die meiste Gelegenheit, seine Neigungen, Gewohnheiten, Eigenschaften, und seinen Charakter auf das Genaueste kennen zu lernen. Sie sind die beständigen Lehrer, Erzieher, Bildner, Rathgeber desselben, und die Mittelspersonen zwischen ihm und dem Offiziere, die seine Begriffe berichtigen, ihm bessere Ansichten einflößen, und irrige benehmen können.

Der Unteroffizier soll dem Gemeinen in allen Verhältnissen ein nachahmungswürdiges Muster sein. Er soll denselben zwar mit Ernst und Würde, jedoch auch jederzeit freundlich, anständig, und ehrenvoll behandeln, daher niemals auf ihn losschreien, oder ihm hart begegnen. Er muß sein Zutrauen besitzen, auf ihn einwirken können, und ihn zur Erfüllung seiner Pflichten so anzuhalten verstehen, daß er sie gern und freudig erfülle. Ferner soll er den Gemeinen zu einem ordentlichen musterhaften Leben, und anständigen Benehmen anhalten, und stets für Aufrechthaltung guter Sitten sorgen. Endlich muß er denselben zu einer geregelten Lebensordnung, zur Wirthschaft, zur Schonung und Erhaltung der Bekleidung, der Waffe und des Gepäckes um so mehr bestimmen, je mehr der Soldat im Frieden durch zu viele Montirungsstücke verwöhnt war.

Damit der Unteroffizier Alles dieses in vollem Maße, und mit Nutzen für den Dienst ausüben könne, ist vor Allem nöthig, ihn jederzeit vor dem Gemeinen auszuzeichnen, und ihn in aller seiner Würde und Autorität zu erhalten, und zu bestärken. Wenn daher Zurechtweisungen des Unteroffiziers nöthig werden, so müssen solche auf eine sein Ehrgefühl schonende Art, und niemals vor den Gemeinen ertheilt werden, um das Ansehen desselben nicht zu schwächen. „Auch muß ihm der Dienst nicht erschwert, vielmehr, soviel es geschehen kann, erleichtert, daher jeder unnöthige Weg, lenges Stehen, und jede dergleichen unnöthige Quälerei, erspart worden."

Wird der Unteroffizier von dem Offiziere nicht geachtet, oder wird er gar herabgewürdigt, so bringt sich Letzterer ganz um dessen Unterstützung, und da der Unteroffizier durch seinen höheren Rang dennoch Einfluß genug behält, so könnte dadurch leicht eine verderbliche Abneigung erzeugt werden; wiewohl der Unteroffizier, welcher, von Unmuth überwältigt, irgend nur unvortheilhaft über seinen Offizier sich äußert, in ein doppeltes Vergehen verfällt, da es seine Pflicht ist, auch unter seinen Untergebenen die Achtung gegen die Vorgesetzten aufrecht zu erhalten, und hierin mit gutem Beispiele voranzugehen.

Wenn man schon in dem Gemeinen den Menschen und seinen Stand ehren soll, um so viel mehr muß es in dem Unteroffiziere geschehen, der schon als der tüchtigste uud achtbarste Mann gelten mußte, bevor er zu dieser Auszeichnung gelangen durfte!

Zur Ermuthigung des thätigen Unteroffiziers müssen vielmehr seine guten Eigenschaften zu seiner Zeit herausgehoben werden, um Andere zur Nacheiferung zu bestimmen, Allen aber muß eine Behandlung werden, die sie ehrt und ermuthigt. Ebenso muß der Offizier den Unteroffizier stets beschützen, und die Handlungen desselben mit seinem Namen und seiner Autorität jederzeit vertreten; doch muß dieser Schutz auch jederzeit auf Recht und Gesetz fußen.

„Um ihre eigene Würde, und die ihres Korps aufrecht zu erhalten, müssen außerdem die Unteroffiziere wechselseitig über sich wachen, einander aufmerksam machen, sich mit Rath unterstützen, ihr Betragen einander vorhalten, geringe Vergehen, die in Fehltritte ausarten könnten, verhüten, diese nicht veröffentlichen, und auf diese Art ihre Autorität unverletzt in aller Wirksamkeit und zugleich in hohem Ansehen bei den Gemeinen erhalten."

Märsche.

Bei dem ausmarschirten Truppentheile ist diejenige Dienstordnung, welche die Truppen durch die Felddienstübungen aus dem Frieden bereits inne haben müssen, zur unabänderlichen Richtschnur zu nehmen. Diese und der Inbegriff der gesammten Marschordnung bildet die Marschdisciplin, deren genaue Befolgung die Märsche außerordentlich erleichtert, und die Leute marschfähig erhält. Ein Mangel an Marschdisciplin führt weit mehr Abgang an Menschen, Pferden und Material herbei, als Krankheiten oder Gefechte. Eine schlechte Marschdisciplin führt eine unzählige Menge von Uebeln mit sich, und hat auf den Ausgang eines Krieges einen unberechnenbaren Einfluß. Daher muß auf eine gute Marschdisciplin ein besonderer Werth gelegt und kann ihre Aufrechthaltung nicht dringend genug empfohlen werden.

Diese Ordnung den Leuten gleichsam zur zweiten Natur anzugewöhnen, ist die nächste Pflicht der Offiziere, und um so unerläßlicher, wenn Mobilmachung und Ausmarsch schnell auf einander folgen, und die ersten Märsche stark und anhaltend sind. Die Offiziere dürfen nicht ihre Abtheilungen verlassen, und Einer muß stets jede Abtheiluug und das Ganze schließen, da die meisten Unordnungen hinten vorfallen; bei der Infanterie müssen aber am Schlusse stets einige Unteroffiziere marschiren, um die etwa Ausgetretenen nachzubringen. Bei strenger Kälte im Winter dürfen keine Leute zurückgelassen werden. Der Kommandirende selbst darf nicht beständig an die Spitze gefesselt sein, niemals aber dürfen sich alle Offiziere, auch nur auf kurze Zeit, von der Truppe entfernen.

Die meiste Ausbildung gewinnt der Mann auf dem Marsche, und durch diesen selbst. Die Fähigkeit, marschiren zu können, kann man sich nicht auf einmal erwerben, und muß daher der Soldat schon in der Garnison im Marschiren und in der Ausdauer auf Märschen geübt worden sein. Zum Marschiren gehören gesunde rüstige Leute, die gut genährt, und nur mit dem vorschriftsmäßigen Gepäcke versehen sind. Weder der Anzug darf die freie Bewegung, noch weniger die Fußbekleidung am Gehen hindern. Es wäre ein Beweis, daß man im Frieden nicht zum Kriege vorbereitet war, wenn sich nach dem Ausmarsche Mängel in der Bekleidung und Armatur vorfänden; wo sich aber dergleichen zeigen, muß ihnen gleich Anfangs, bevor sie schaden, aus dem Grunde abgeholfen werden. Dahin gehört auch die zu eng anschließende pressende Bekleidung, welche überdies dem Zerreißen vor der Zeit auf eine Weise ausgesetzt ist, die keine Wiederherstellung gestattet. Die Fußbekleidung ist eines der wichtigsten Bedürfnisse des Soldaten, und Mangel an derselben hat schon manche Unternehmung im Kriege gehemmt. Auch sie muß stets in gutem Stande erhalten werden, was um so weniger schwierig ist, als sich die sehr einfache Kunst eines Flickschuhmachers in einigen Tagen von jedem nur irgend befähigten Manne leicht erlernen läßt.

Jeder Mann muß nicht blos ein vollständiges Nähzeug, und die berittene Mannschaft außerdem noch einige Werkzeuge, sondern auch die Fertigkeit besitzen, kleinen Bedürfnissen an seiner Bekleidung, und der Reiter und Fahrer an dem Geschirr- Sattel- und Zaumzeuge, mit Geschick selbst abhelfen zu können. Waren aber die Leute in der Garnison so verwöhnt worden, daß ihnen alle dergleichen Flickereien und Herstellungen gemacht wurden, so müssen sie dazu die nöthigen Anweisungen vorher erhalten.

Für das Ausrücken, den Marsch, die Ruhepausen ꝛc., selbst auf gewöhnlichen Märschen, lassen sich keine festen unabänderlichen Regeln geben, indem dabei die größere oder geringere Marschfähigkeit der Truppen, die Weite des Marsches, die Witterung, die Beschaffenheit des Weges sehr in Betracht kommen. Daher läßt sich auch nicht genau vorschreiben, wie weit man marschiren, und wie oft oder wie lange man ruhen müsse. Dieses muß der Einsicht und Erfahrung des Führers überlassen werden. Es sind deshalb die Ansichten hierüber auch sehr verschieden; dennoch scheinen aber folgende Prinzipien für gewöhnliche Märsche ohne Behinderung bei der Infanterie Beachtung zu verdienen.

Nach dem Ausrücken aus dem Nachtquartiere marschirt man ohne Verweilen ab. Den Leuten zu gestatten, hier noch auszutreten, hieße ihnen angewöhnen, nicht schon vor dem Ausrücken ihre Bedürfnisse zu befriedigen, was sie durchaus müssen. Man marschirt anfänglich eine Stunde Weges, wozu 40 bis 45 Minuten nöthig sind, und ruht dann 5 Minuten, und dieses wiederholt man von 2 zu 2 Wegstunden. Bei 3 Meilen ruht man auf dem halben Wege 20 Minuten; bei 4 Meilen zweimal, jedesmal 15 Minuten. Kurz vor dem neuen Quartiere hält man wenige Minuten, um die Truppen in Ordnung zu setzen, so wie man überhaupt in jeden Ort mit der größten Ordnung und mit dem größten Anstande einmarschiren muß. Marschirt man nun im Sommer um 5, im Winter um 7 Uhr Morgens aus, so wird man stets gegen Mittag das neue Quartier erreicht haben.

Der Marsch bei zu großer Hitze über Mittag, das Zulassen des Marsches mehrerer Truppenkolonnen oder gar Truppenarten auf derselben Straße neben einander, und zu frühes Aufbrechen müssen möglichst vermieden werden. Selbst in der heißesten Jahreszeit darf Infanterie in der Regel nicht vor 4, Kavallerie und Artillerie nicht vor 6 Uhr früh ausmarschiren. Nachtmärsche sind zwar jedenfalls möglichst zu vermeiden, allein bei ungewöhnlicher Hitze, und wenn die Soldaten vor und nachher der Ruhe pflegen können, ist es doch anzurathen, bei Nacht zu marschiren, oder wenigstens den Marsch so früh anzutreten, daß man ohne große Anstrengung um 10 — 11 Uhr früh die Quartiere erreicht hat.

Sehr große Märsche, die den ganzen Tag dauern, werden in zwei großen Pausen zurück gelegt, nm durch die zu große Anstrengung, besonders bei großer Hitze, Schlagflüssen vorzubeugen. Wenn man bei starken Märschen gezwungen ist, bei großer Hitze bis über Mittag zu marschiren, so muß zur Vermeidung der zu großen Abspannung der Leute zur Zeit der großen Hitze eine längere Zeit geruht werden, viel länger als eine halbe Stunde auf einmal jedoch nicht, es sei denn, daß man füttern oder abkochen müßte. Obwohl eine längere Ruhe mehr stärkt, so lehrt doch die Erfahrung, daß, wenn sich die Leute bei einer längern Ruhe erst dem Schlafe überlassen, alsdann viele derselben schwer fortzubringen sind, die ohne diese Ruhe sonst sehr gut fortgekommen wären.

Bei ungeübten Truppen, großen Märschen und großer Hitze erleidet dieses eine Abänderung. „Kann man an sehr heißen Tagen nach seiner Bequemlichkeit marschiren, so giebt es Fälle, wo man unterwegs die Leute während des Mittags nicht allein ruhen und trinken, sondern auch schlafen läßt. Eine mehrstündige Ruhe an einem schattigen Orte hilft dann manchem Maroden wieder auf die Beine, und kommen die Soldaten ins Quartier, nachdem die größte Hitze vorüber ist, so haben sie mehr Eßlust, und die Nahrung bekommt ihnen viel besser. Dabei wird es denn auch nur selten, oder vielleicht gar nicht vorkommen, daß Leute todt niederfallen.“

Sonst muß aber jedes unnütze Verweilen, wie jedes unbeschäftigte Stehen, als höchst schädlich, sorgfältig vermieden werden. Das Stillstehen nach dem Marsche hat, wie jedem Praktiker bekannt ist, eine Menge Nachtheile für die Gesundheit der Leute, sind diese aber erhitzt, so ist es noch viel schädlicher. Daher muß zuletzt das Einquartierungsgeschäft gleichsam im Fluge geschehen, denn nur so werden Erkältungen, Ohnmachten ꝛc. vermieden. Die Fouriere sind demnach so einzuüben, daß ihre Ueberweisungen der Quartiere an jede Abtheilung schon vor dem Einrücken in den Ort geschehen, und daß zuletzt die Billets und sonstigen Befehle so geschwind als möglich ausgegeben werden, damit ohne alle weitere Verzögerung Menschen und Pferde in die Quartiere kommen.

Die Ruhepausen dürfen nicht an sumpfigen Landstrecken, frisch umgepflügtem Acker rc. statt finden, deren Ausdünstungen stets as schädlich zu betrachten sind.

Bei dem ersten längern Anhalten wird in der Regel gefrühstückt, wozu ein Jeder etwas vorräthig haben muß. Der Soldat muß zwar mit jeder Art des Frühstücks noch vor dem Ausmarsche aus dem Quartiere vorlieb nehmen, da die Reglements gewöhnlich dafür nicht sorgen, ein warmes Frühstück ist aber kaltem Wasser, so viele Anpreisungen auch demselben in unserer Zeit werden, kalter Milch, oder gar Buttermilch, deren er sich ganz und gar enthalten soll, stets vorzuziehen. Wenigstens ein Stück trocknes Brot und einen Schluck Branntwein muß er mitnehmen, um es hier zu verzehren: darauf ist viel zu halten! denn alsdann giebt der weitere Marsch weniger Marode, und der Mann wird im nächsten Quartiere mehr an andere Obliegenheiten denken, anstatt er ausgehungert gleich nach dem Mittagsessen verlangt. Was nach solchem Frühstück an Lebensmitteln übrig bleibt, darf weder weggeworfen, noch verwüstet werden, vielmehr sind die Leute daran zu gewöhnen, die Ueberreste aufzusparen, wenn diese auch noch so gering sind. Es kommen zu oft Fälle vor, wo sie höchst nützlich werden können! Auf sehr großen Märschen wird eine Erfrischung der Leute oft nöthig, für welche daher besonders gesorgt werden muß, so wie für Pferde das Reglement in dieser Hinsicht bereits sorgt. —

Der Marsch der Infanterie geschieht am besten in Sektionen zu 5 oder 6 Rotten, wobei noch die Flügelunteroffiziere selbst innerhalb der Kolonne eintreten können, um desto mehr im Stande zu sein, die eine Seite des Weges zu halten, freier zu marschiren, den Leuten den besten Theil des Weges zu überlassen, und die Passage weniger zu sperren. Hierdurch wird den Leuten viele Erleichterung verschafft, worauf der Offizier stets sinnen muß. Die Sektion der Tete muß sich die besten Wege aussuchen, alle folgenden Sektionen müssen aber unverbrüchlich Rotte für Rotte derselben genau folgen, und unter keinen Umständen darf geduldet werden, daß Leute, die hintereinander marschiren sollen, vorgehen, zurück bleiben, oder neben andern marschiren. Hierin liegt grade die größte Erleichterung für die Leute, auch wenn sie der Unverstand derselben für eine arge Tyrannei auslegen sollte. Der gemeine Mann kommt erst später, aber sicherlich zu der Einsicht, wie viel Erleichterung ihm durch eine strenge und pünktliche Handhabung der Marschordnung geworden sei!

Eine jede Kompagnie marschirt in der größten Ordnung in sich, und muß von der andern einen Abstand von 20 Schritten halten, um dem Staube freien Abzug zu verschaffen, und alle Stockungen in der Kolonne zu vermeiden. Diese zu heben muß den einzelnen Hauptleuten ganz überlassen werden, wozu sie hinreichenden Spielraum erhalten mussen, um sogleich die geeigneten Maßregeln dagegen treffen zu können. Der Führer des Ganzen darf sich bei etwaigen Unordnungen auch nur an diese halten, die Marschordnung am besten von der Seite beobachten, sich alles Scheltens einzelner Leute enthalten, immer belehrend einschreiten, und nur da, wo es die Noth erfordert, durchgreifen.

Auf Kolonnenwegen marschirt man, wenn es angeht, am zweckmäßigsten in Zugfront mit halber oder Vierteldistanze. In sehr großen, aus verschiedenen Waffen bestehenden, Kolonnen, und in der Erwartung auf den Feind zu stoßen, thut man wohl, die Abstände zwischen den Kompagnien wegfallen zu lassen, weil sonst eine solche Kolonne sehr bedeutend verlängert wird, und beim Zusammentreffen mit dem Feinde zu viel Zeit braucht, ihren Aufmarsch zu bewirken. Fälle dieser Art gehen jedoch schon über die Grenzen dieses Aufsatzes. —

Die Kavallerie marschirt schneller als Infanterie. Gewöhnlich wird der Ordnung wegen der Marsch zu Dreien gewählt, durch welchen die Kolonne auch verkürzt wird. Ausnahmsweise, durch Terrain bedingt, wird zu Zweien marschirt. Auf Chausseen wird zu beiden Seiten des Steindammes, diesen in der Mitte für die Passage frei lassend, geritten, um den Pferden den Vortheil des weichen Bodens zu lassen. Sind die Pferde ermüdet, so ist zu weiches Terrain zu vermeiden. Die Eskadronen halten 8, die Regimenter 18 Schritte Abstand von einander. Es muß besonders darauf gehalten werden, daß alle Pferde gleichen Schritt gehen, dicht aufreiten, die Reiter nicht nachläßig sitzen, und nicht schlafen. Pferde von schlechtem Schritte sind aus dem Gliede und an die Queue zu nehmen.

Im gewöhnlichen Pferdeschritte werden bei Märschen ohne alle Behinderung:

eine preuß. Meile (= 10,000 Schritte)	in 1 St.	24 Min.
drei — — — —	in 4 —	12 —
vier — — — —	in 5 —	36 —

zurückgelegt. Es wird jedoch nicht immer Schritt geritten, vielmehr ist es für Reirer und Pferde gleich dienlich, wenn streckenweise auch getrabt wird, wodurch sich zugleich die Zeitdauer des Marsches noch mehr abkürzt.

Soll eine Wegesstrecke schneller als gewöhnlich zurückgelegt werden, so wird abwechselnd Trab und Schritt geritten. Auf diese Weise werden ohne Nachtheil 4 Meilen in 4 Stunden 10 Minuten zurückgelegt, wobei die Pferde noch in Athem bleiben. Sollen aber 4 Meilen Weges ohne weitere Rücksicht mit Eile zurückgelegt werden, so wird abwechselnd ½ Meile im Trabe und ½ Meile im Schritte geritten, und hiezu sind alsdann 3 Stunden 40 Minuten erforderlich, wobei die Pferde freilich außer Athem kommen. Die Kavallerie ist noch zu schnelleren Bewegungen fähig, diese gehören jedoch zu den besondern Fällen, und dürfen daher hier nicht weiter in Betracht kommen.

Bei den Nachtmärschen ist ein theilweises Traben zulässig, obgleich dieses in unbekanntem Terrain, in sehr dunkeln Nächten, und besonders beim Marsche in Massen seine großen Schwierigkeiten hat. Es geschieht, um die Leute munter zu erhalten; dann giebt es aber noch andere Hülfsmittel, diesen Zweck zu erreichen, die jeder Führer, von der Wichtigkeit dieses Gegenstandes überzeugt, nach seiner Art anwendet.

Bei der Kavallerie ist ein öfteres Absitzen verpönt, wo aber längere Zeit angehalten werden muß, wird auch abgesessen. Bei Märschen von 3 bis 4 Meilen wird nach Beschaffenheit des Terrains 2 bis 3mal angehalten, das erstemal nach ¾ bis 1 Meile, und ist das Terrain sehr bergig, wohl auch schon früher; das zweitemal auf dem halben Wege. Dabei wird jedesmal abgesessen, und 10 bis 15 Minuten geruht, welche Zeit zu der Anfangs dieses angegebenen noch hinzu gerechnet werden muß. Ein noch öfteres, und nach dem Ausmarsche noch früheres Absitzen würde den Reitern angewöhnen, dem Satteln vor dem Ausmarsche aus dem Nachtquartiere nicht die gehörige Aufmerksamkeit zu schenken; so macht es ein desto sorgfältigeres Satteln zur Bedingung. Die Zeit der Ruhe wird hauptsächlich zum Nachsehen, Nachhelfen und Berichtigen des Hufbeschlages, des Sattelzeugs ꝛc benutzt, so wie beim Anhalten auf dem halben Wege auch zum Frühstücken für die Reiter, welches für diese wesentlich nothwendig ist, weil sie im Quartiere, zu sehr mit ihren Pferden beschäftigt, an sich selbst erst später denken dürfen.

Hiernach scheint es, als wenn bei der Kavallerie nur allein dem Pferde Aufmerksamkeit geschenkt würde, während dem Reiter selbst weniger Rücksicht gewidmet wird. Allein die Erfahrung lehrt, daß der Gesundheitszustand des Menschen bei der Reiterei in der Regel besser, als bei der Infanterie ist. Bei der erstern wird der Mann früh daran gewöhnt, ohne Nachtheil seiner Gesundheit sich, seinen Körper, und dessen Bedürfnisse zu beherrschen, daher derselbe auf dem Marsche von vielen Bedürfnissen, besonders vom Abmachen gewisser derselben, auch weniger weiß, als der Fußgänger, den solche beständig bedrücken, und dem ein öfteres Anhalten Gelegenheit bietet, solche ohne Maaß und Ende zu befriedigen, was nichts anders, als Folge einer üblen Angewöhnung ist. Darum gewöhne man es ihm bei Zeiten ab.

Stets muß der Kavallerist ein tüchtiges Pferd besitzen, und es im besten Zustande erhalten; sein ganzes Sein, Bestehen und Glück hängen hievon ab. Daher muß er es möglichst pflegen, gesund und bei Kräften erhalten, mit diesen haushälterisch umgehen, sein Pferd nie nutzlos und über die Gebühr anstrengen, vielmehr stets bedenken, daß dessen Kräfte viel schneller verbraucht, als wiederersetzt werden können. Deshalb dürfen beschleunigte Gangarten nur dann angenommen werden, wenn es die Nothwendigkeit gebietet; auf dem Marsche aber muß die größte Ordnung beobachtet werden, und ein Jeder genau nur auf dem ihm angewiesenen Platze reiten, den er unter keinen Umständen verlassen darf. Nach einem Tränken auf dem Marsche muß sogleich weiter marschirt werden, damit sich die Pferde nicht erkälten. Sollen die Pferde auf kurze Zeit gefüttert werden, so wird hnen zuerst die halbe Haferportion gegeben, sie sodann getränkt, worauf ihnen der Rest des Hafers gereicht wird. Unmittelbar nach dem Futtern wird der Marsch weiter fortgesetzt

Bei steilen Bergen bergauf und ab, bei Glateis und überhaupt da, wo es die Schwierigkeiten des Terains fordern, wird abgesessen, und die Pferde werden geführt. Dieses findet wohl auch im Winter bei strenger Kälte streckenweise statt, um die Reiter zu erwärmen, worauf dann jedesmal sogleich nach dem Aufsitzen getrabt werden muß; obgleich ein öfteres Traben auf kurze Strecken, ohne Bügel, wenn die Kälte nicht zu stark ist, die Leute mehr erwärmt, wobei auch noch das Schwitzen der Füße vermieden wird, welche nach dem Gehen dann um so mehr frieren, und auch wohl erfrieren. Sonst wird das Führen der Pferde vermieden, und zwar aus Sorge für die Reiter selbst, welche sich dabei leicht erhitzen können, was ihnen alsdann nach abermaligem Aufsitzen schädlich werden kann. —

Die reitende Artillerie marschirt ganz so, wie die Kavallerie, und ist auch ihr ein theilweises Traben zuträglich, wobei ihre Fahrzeuge kein Hinderniß abgeben.

Wenn die Fußartillerie der Infanterie beigegeben wird, hinter welcher sie alsdann folgt, so muß sie sich auch ganz nach der letztern richten, gleiche Marschgeschwindigkeit und Ruhepausen halten. Nichts ruinirt jedoch die Pferde so sehr, als ein durch beständige Störungen, Stockungen, und durch Anhalten behinderter Marsch. Da aber bei der Artillerie den Pferden ganz dieselbe Sorgfalt, als bei der Kavallerie, gewidmet werden muß, weil ihr Auftreten und Leisten meist davon abhängen, so muß die Fußartillerie auf dem Marsche von der vormarschirenden Infanterie auch jederzeit denjenigen

Abstand annehmen und erhalten, der ihr einen freien ungehinderten Fortmarsch sichert.

Für sich marschirend nimmt sie eine größere Marschgeschwindigkeit an, welche der für die Kavallerie im Schritte angegebenen nahe kommt, wobei auf 3 bis 4 Meilen ebenfalls nur 2 bis 3mal geruht wird. Gleichen Schritt mit Pferden zu halten, wenn diese auch stark austreten, so wie stärkere Märsche in kürzerer Zeit, als Infanterie, zurück zu legen, kann die Fußartillerie in außerordentlichen Fällen sehr wohl ausführen. Der gewöhnliche, wenn auch durch den Zug behinderte Pferdeschritt ergiebt schon ein rascheres Fortkommen, welchem die Bedienungsmannschaft, obgleich sie zu Fuß ist, kein Hinderniß entgegen setzt. Sie genießt auf dem Marsche gegen die Infanterie schon viele ihr Fortkommen erleichternde Vortheile, durch ihre ganze Ausbildung aber; die sie nicht so viel an die Stelle festhält, wird die Körperkraft der Kanoniere früh entwickelt, gestärkt, und dadurch zur größern Ausdauer geschickt gemacht.

Ein rascheres Fortkommen der Fußartillerie auf gewöhnlichen Märschen war bisher nicht herzustellen, obgleich auch ihr ein streckenweiser Trab heilsam gewesen wäre, weil jede freie schnellere Gangart stets besser, als eine zu sehr verkürzte ist. Es war dieses eine Folge der Schwerfälligkeit der ganzen Waffe, und ihrer Einrichtung, durch welche sie in der Bewegung behindert wurde. Die Schwerfälligkeit ist jedoch von den andern Waffen längst gewichen, und Beweglichkeit zur ersten Bedingung bei ihnen geworden.. Gegenwärtig verlangt man schnellere Gangarten, und die Truppen bewegen und entwickeln sich viel rascher, als ehemals, die Infanterie insbesondere ist so beweglich geworden, daß ihr wohl in dieser Hinsicht nur noch wenig zu wünschen bleibt. Durch Zutheilung an die Infanterie endlich ist die Fußartillerie mehr als früher in engen Verband mit ihr getreten, und bedurfte daher einer größeren Beweglichkeit, als ehemals. Dies hat denn endlich die meisten Staaten bewogen, entweder das Material ihrer Artillerie zu erleichtern, und ihrem Geschützwesen zweckdienlichere Einrichtungen zu geben, um sie marschfähiger zu machen, oder neue auf Vereinfachung und Erleichterung basirte Systeme anzunehmen, indem sie die Beweglichkeit als die wesentlichste Eigenschaft der Feldartillerie anerkannten, um den andern Truppen überall folgen, und sie unter allen Umständen unterstützen zu können, wobei auf die Fortschaffung der Bedienungsmannschaft bei Gewaltmärschen, zu beträchtlichen Entsendungen ꝛc. Rücksicht genommen wurde. Diese neuen Einrichtungen seit dem letzten großen Kriege, bei welchen ein Aufsitzen der Fußmannschaft zuweilen gestattet werden kann, werden die Fußartillerie in besondern Fällen fähig machen, eine größere Marschgeschwindigkeit, als zeither, zu entwickeln. —

Der Marsch in einer Kolonne überhaupt, und die Erhaltung derselben in einer regelmäßigen und abgemessenen, sich weder störenden, noch stopfenden Bewegung, erfordert alle Aufmerksamkeit. Die Tete muß sich eine gleichförmige stets gleich bleibende Gangart angewöhnen, und diese fest beibehalten, in welcher auch die am Schlusse Marschirenden ruhig folgen können, und geschont werden. Durch gleichmäßige Gangarten und Ausdauer wird man nach einiger Zeit, wenn man nicht bereits Erfahrungen darüber hätte, zur Zurücklegung einer bestimmten Strecke ein Maaß erhalten, und hierdurch gleichsam Herr der Zeit und des Weges werden, wird nie auf sich warten lassen, oder zu spät, aber auch nicht zu früh ankommen. „Da hiebei die Tiefe der Kolonne, die

Beschaffenheit des Terrains, und des Weges, die mehr oder minder ausreichende Verpflegung, und die Verschiedenheit der Längenmaaße der Länder — selbst auf der großen Straße, geschweige denn auf Nebenwegen — in Betracht gezogen werden müssen, was die Bestimmung eines durchschnittlichen Maaßes mißlich macht, so wird man wohl thun, die Zeit nicht zu knapp zuzumessen." Bevor ein solches Maaß gewonnen worden ist, muß zuweilen auch aus der Mitte, oder links abmarschirt werden, oder man nimmt täglich eine andere Kompagnie an die Tete, um der eigentlichen Spitze fühlbar zu machen, wie wichtig ein gleiches Tempo für die Nachmarschirenden zur Schonung und Erhaltung von Menschen und Pferden wird, und wie ein unverhältnißmäßiges Austreten derselben, oder ein verschiedenartiges Tempo die am Schlusse der Kolonne Marschirenden bis zur Erschöpfung bringen können. Auch bei der Kavallerie und Artillerie wird mit der Tete gewechselt, besonders bei großen Märschen.

Es wäre einer der größten und schädlichsten Mängel in einer Armee, wenn sie nicht eine reglementarische Bestimmung über Marschbewegung und Geschwindigkeit unter verschiedenen Umständen besäße! denn es wäre ein trostloser Zustand für den, welcher dereinst behufs der Schlacht eine Berechnung über Raum und Zeit — wenn die Korps auf verschiedenen Wegen marschiren — machen, und für die Richtigkeit verantwortlich sein sollte!

Ist erst ein Truppentheil einige Zeit marschirt, und die Marschordnung dabei streng gehandhabt worden, so wird man auch ohne Ermüdung starke Märsche machen können, wobei sich Menschen und Pferde an Ausdauer gewöhnen. Je mehr Ordnung überhaupt in einer Truppe herrscht, desto mehr Kraft besitzt sie auch, da diese immer aus der Disciplin durch die Ordnung folgt. Das aber, was der Mensch einmal gewohnt ist, wird ihm auch nicht schwer, fortwährend auszuführen. Die Gewohnheit macht auch das Drückendste und Beschwerlichste erträglich, sie wandelt es sogar zum Bedürfnisse um, und beherrscht zuletzt den Menschen ganz; der Deutsche ist aber insbesondere ein Freund von liebgewordenen Gewohnheiten. Daher kommt es auch, daß sich nachtheilige Gewohnheiten so schwer wieder ablegen lassen, und daß die Nachwehen davon noch so lange nachher fühlbar sind!

Ein Nachlassen in der Marschdisciplin erzeugt stets die nachtheiligsten Folgen. Viele Leute, denen jede Ordnung zuwider oder lästig ist, die aber durch die Strenge doch dazu angehalten, und durch die übrigen Ordnungsliebenden mit fortgebracht werden, finden alsdann Gelegenheit, ihrem Hange freien Lauf zu lassen, und ziehen Andere mit sich fort. Durch oft hinzutretende widerwärtige Umstände greift das Uebel weiter, und viel schwerer, als ursprünglich, kann alsdann nur die ehemalige Ordnung wieder hergestellt werden! „In unseren jetzigen Kriegen kommen öfters Marschgefechte vor, indem zwei feindliche Kolonnen auf einander stoßen. Die eine ist in gehöriger Ordnung, während die andere nach ihrer Bequemlichkeit einherzieht, und sich dadurch so verlängert, daß sie doppelt so lang wird, als sie sein sollte. Die erstere wird nur die halbe Zeit brauchen, um zum Gefechte bereit zu sein, und stets eine überlegene Truppenmasse entgegen setzen können. Die andere wird entweder zurück gedrängt, über einander geworfen, zersprengt werden, oder mindestens einen großen Verlust erleiden, wobei das Vertrauen der Soldaten auf ihren Führer gewaltig erschüttert werden muß.“

Mangel an Ausdauer auf Märschen macht die Truppen unbrauchbar. „Die jetzige Kriegführung macht überhaupt schon viel größere Anforderungen an den Soldaten, als die frühere, und bei einem thätigen Gegner werden sich diese ohne Zweifel noch mehr steigern, dadurch aber geringere Rücksichten auf die Schonung der Truppen geboten werden": daher muß schon bei der Ausbildung im ruhigen Frieden auf eine große Beweglichkeit und Ausdauer auf Märschen hingewirkt werden. Eine Schonung der Truppen zu einer Zeit aber, wo es etwas gilt, bringt dem Befehlshaber nie Ehre. Hierher gehören die häufigen Entschuldigungen des Zuspätkommens durch mangelhafte Verpflegung und die angebliche Absicht, den Truppen bei beschwerlichen Märschen Erholung zu verschaffen, oder „um die braven Truppen zu schonen," und andere dergleichen Redensarten mehr, welche die kostbare versäumte Zeit nicht wieder zurück führen, und daher den Kommandirenden nur kompromittiren.

Als Folge hieraus möge gelten: den Truppen da, wo und wenn es angeht, alle Bequemlichkeit zu verschaffen, da aber, wo es Noth thut, auch alles, was sie zu leisten vermögen, von ihnen zu fordern, und ihnen erst nach rühmlich vollbrachter That Ruhe zu gönnen. Der Truppentheil ist der beste, der bei solcher Gelegenheit nie säumig ist, auf den der Feldherr stets mit voller Gewißheit rechnen kann, und der mit möglichst voller Kopfzahl auf dem Platze erscheint. —

Marschirt man für sich, und ohne Gefahr, so wie auf sehr langen Märschen, so darf man der Mannschaft auch die mit der Erhaltung der Ordnung verträgliche Freiheit gestatten. Hierher gehört unter andern auch der Gesang. Dieser erheitert, belebt und stärkt Geist und Gemüth, es dürfen jedoch keine unmoralischen oder die Sittlichkeit beleidigenden Gesänge geduldet werden, so wie auch alle Lieder mit kläglichen, das

Herz weich machenden Melodien zu verpönen sind. Beim Mangel an anständigen Soldatenliedern muß sich schon ein Offizier diesen Gegenstand zu Herzen nehmen, die Mannschaft damit versorgen, und sie einsingen lassen. Das stete Dahinziehen in dumpfer Stille zeigt, daß es an etwas gebricht. Werden die Leute munter, lebendig, bei gutem Willen und frohem Muthe erhalten, so kann man mit ihnen auch viel mehr ausrichten, und ist es dann eine wirksame Strafe für sie, wenn ihnen Stillschweigen auferlegt wird.

Beobachtungen zeigen, daß diejenigen, welche am frühesten zu singen begonnen haben, auch sehr bald verstummen, wie die Schreier und Lärmmacher, die außerdem noch oft marode werden; so wie überhaupt bei Vielen der Humor erst dann geweckt wird, wenn derselbe bei Andern ausgegangen ist. Hierdurch erhält sich zwar der Gesang eine geraume Zeit, verstummt aber doch endlich ganz. Dasselbe erfolgt, wenn die Leute nicht ordentlich eingesungen sind, und daher mit zu großer Anstrengung singen, was ungemein ermattet, weshalb auf großen Märschen darauf gesehen werden muß, daß nicht zu viel gesungen wird. Bei einem ausgebildeten Sängerchor, das jedem Truppentheile zu wünschen ist, wird solches nicht nöthig, da es nicht aus Leibeskräften schreit, sondern mit denselben hauszuhalten versteht. Ein solches wird bei starken Märschen in der letzten Zeit des Marsches, wo eine Ermunterung oft nöthig wird, besonders nützlich, und hiebei verdienen diejenigen Lieder, bei welchen der Chor von der ganzen Kompagnie einfallend gesungen werden kann, den Vorzug. Singen die Leute aber nicht, so müssen sie in eine muntere Stimmung versetzt, und zu fröhlichen Unterhaltungen veranlaßt werden. Den Soldaten bei frohem Muthe zu erhalten ist eine wichtige Aufgabe des Vorgesetzten. Er darf keinen Mißmuth dulden, der nur bösen Willen schafft, der aber nicht bestehen darf.

Das Tabackrauchen ist zu den Bedürfnissen des Soldaten zu rechnen, und ihm nicht zu wehren. Die Pfeife verkürzt den Weg, vertreibt die Zeit, und beschäftigt den Müßigen im Quartiere. Sie erhält den Mann auf der Feldwache, und besonders den Reiter bei Nachtmärschen munter, läßt ihn Kälte, Regen, Hunger und Durst weniger empfinden, und befördert den brüderlichen Verkehr unter den Leuten.

Marschquartiere.

Wenn die Leute in den Quartieren angekommen sind, legen sie zuvörderst ab, setzen die Feldmützen auf, und ziehen sich bequemer an, oder ziehen sich wohl auch um, und wechseln die Wäsche. Es ist hierbei alle Zugluft zu vermeiden, auch dürfen sie sich nicht die Kleider ausziehen, um sich dadurch abzukühlen, besonders wenn sie mit Schweiß bedeckt sind, erhitzt nicht sogleich, sondern erst nach einiger Erholung trinken, und im Winter die warmen Ofen vermeiden. Hierauf werden Gepäck, Armatur, Reitzeug, Geschirr rc. ordnungsmäßig aufgehangen oder niedergelegt, und nach der Reinigung des Körpers wird gegessen und getrunken.

Diese allgemeinen Regeln können nach den Umständen eine Abänderung erleiden. „Bei großer Hitze, und nach einem angreifenden Marsche darf man wohl nicht erwarten, daß der Soldat eher an die Reinigung des Körpers, als an das Essen denke, denn wenn er sehr erhitzt, und zugleich sehr hungrig ist, müßte er noch lange auf das Essen warten, weil der Reinigung des Körpers nothwendig erst dessen Abkühlung vorangehen muß."

Nach dem Essen werden sämmtliche Sachen des Mannes gereinigt, geputzt, und wieder in den Stand gesetzt, worauf der Mann Ruhe halten, oder schlafen kann. Der Schlaf muß dem Soldaten gestattet werden, sobald sich nur Zeit und Gelegenheit dazu bietet; im Quartiere oder Bivack soll er aber völlig ausschlafen, und dasselbe ganz ausgeruht und erkräftigt verlassen. Die Sorge für die gute Unterbringung der Pferde darf nie nachlassen, weshalb die Ställe oft zu revidiren, die Pferde selbst aber täglich zu besichtigen sind. Es zeigt einen großen Fortschritt bei jungen Soldaten, wenn die Offiziere beim Revidiren der Quartiere hierin wenig oder nichts zu erinnern finden. Alsdann sind aber auch die Bequemen, Säumigen und Faulen mit unerbittlicher Strenge zur Erfüllung ihrer Schuldigkeit anzuhalten.

Wo man auf dem Marsche mit andern Waffen dieselben Quartiere theilt, muß man sich mit ihnen brüderlich vertragen, die Lebensmittel und übrigen Bedürfnisse gewissenhaft mit ihnen theilen, alle Selbstsucht und Eigennutz entfernt halten, und ihnen mehr, als sich selbst, Aufmerksamkeit beweisen. Diese Pflicht steigert sich gegen Bundestruppen.

Da die Fußkranken nachgefahren werden müssen, so hat diese bequeme Art des Fortkommens für Manchen Reiz und viel Lockendes, ein schlechtes Beispiel erzeugt aber mehre.

„Da es die Absicht des Vorgesetzten sein muß, Nachlässigkeiten und Vergehen vorzubeugen, so ist es dessen Pflicht, darauf zu sehen, daß die Leute möglichst für ihre Füße sorgen, damit wenig oder keine Fußkranke vorkommen." Einen Jeden, der sich die Füße wund läuft, muß eine Ehrenstrafe treffen, sobald seine Nachlässigkeit hiebei erwiesen wird. Dies wird die Leute bestimmen bei den Ruhepausen auf dem Marsche nach ihren Füßen zu sehen, und die Fußlappen in Ordnung zu bringen, wenn sie glauben oder fühlen, daß ihnen dieses nöthig sei. Leute mit wundgelaufenen Füßen müssen aber Ruhe haben, da jeder Dienst eine Anstrengung des kranken Fußes erfordert, und dadurch dessen Herstellung verzögert. Nichts ist übrigens widerlicher, als nach dem Einrücken ins Quartier eine Anzahl hinkender Soldaten sich herumschleppen zu sehen. Außerdem erregt jeder ankommende Kranke Angst und Besorgniß bei den Einwohnern des Quartiers, die für das Gastrecht ihrer ungeladenen Gäste oft genug noch schwer büßen müssen, was möglichst zu verhüten ist.

Ein Appell muß unter allen Umständen gegen Abend stattfinden, bei welchem sämmtliche Leute reinlich angezogen erscheinen müssen, um die Befehle für den folgenden Tag zu empfangen. Bei schlechtem Wetter, schmutzigen Wegen, genügt es, wenn per Quartier ein Mann erscheint. Der Abendappell ist auch die angemessenste Zeit zu den nöthigen Belehrungen, die mit kurzen Worten ertheilt werden. Der Appellplatz selbst darf nicht immer an der Wohnung des Kommandeurs, sondern kann auch bei langen Dörfern zur Bequemlichkeit der Mehrzahl der Leute an einem andern passenden Orte gewählt werden. Das Rendez-vous für den Abmarsch am folgenden Morgen ist da zu bestimmen, von wo ab derselbe unmittelbar erfolgt.

Der Offizier, der schon bessere, und auch wohl vorbereitete Quartiere, als der Gemeine, erhält, muß sowohl auf dem Marsche, als in den Quartieren alle Vorsorge für diesen tragen, da der gemeine Mann durch seinen unbedingten Gehorsam auch das Anrecht auf die Sorgfalt des Offiziers hat, von welchem diese sowohl die Praxis, als Pflicht und Gewissen fordern. Bei dieser Vorsorge muß daher der Offizier sich selbst oft vergessen, und nicht der Erste sein, der von seinem Quartiere Besitz nimmt; er muß sich vielmehr zuvor überzeugen, ob Alles untergebracht, und keine Abhülfe mehr nöthig sei, insbesondere bei der Kavallerie und Artillerie, wo die Unterbringung der Pferde außerdem noch besondere Aufmerksamkeit erfordert. „Es ist freilich beschwerlich, wenn Andere sich der Ruhe überlassen, und sich pflegen können, müde und hungrig umherzugehen, und die Quartiere zu visitiren, aber es ist um so unerläßlicher, je jünger die Leute, und je weniger geneigt die Wirthe zur Erfüllung ihrer Pflicht sind." Dem Offiziere, der Alles kennen und übersehen muß, wird auch nichts so schwer, als dem Gemeinen, und im Bewußtsein seines Berufs überhaupt nichts beschwerlich. Sich späterhin erst von der Unterbringung der Angehörigen zu überzeugen, ist eben so unbequem für den Vorgesetzten, als für jene, da etwaige Abhülfen alsdann meist zu spät kommen.

Die Leute, die den Offizier vorher weniger, oder nicht so genau kannten, gehorchen ihm desto mehr, wenn er wegen ihrer physischen Bedürfnisse besorgt ist, und Blondel hat völlig Recht, wenn er sagt:

„Denn auf die letzte Stufe der Macht verwiesen, steht der gemeine Mann auf der ersten des Bedürfnisses." Mindestens $\frac{3}{4}$ der Gemeinen sind auch dankbare treue Seelen.

Durch solche Vorsorge, durch freundliche Mittheilungen und Belehrungen gewinnt der Offizier am Frühesten das Zutrauen der Leute, wenn er es bis dahin noch nicht besessen, oder ihnen zeither noch fremd war. Dieses Zutrauen erzeugt auch in den Leuten die Zuversicht, daß ein solcher Vorgesetzter Freude und Leid mit ihnen theilen werde. Die Leute folgen ihm dann später noch mehr, wenn er sich ihretwegen Gefahren aussetzt, und völlig unbedingt, wenn er sich tapfer zegt.

Bei solchem unbedingten Vertrauen, welches sich jeder Vorgesetzte zu erwerben suchen soll, wird auch der Gemeine sich spätır da, wo eine Gefahr über ihm schwebt, ruhig verhalten, der Umsicht und Erfahrung seines Offiziers sich vollkommen hingeben, und in solchen entscheidenden Augenblicken ihm die pünktlichste Folge leisten.

Hierin liegt das Geheimniß des Gelingens aller großen Unternehmungen, deren die Kriegsgeschichte so viele erzählt! Immer war der Offizier die Grundursache, oder derjenige, der den Impuls gegeben hatte. So alt und erfahren auch der gemeine Mann werden kann, so hoch er auch durch seine Ausbildung und soldatischen Geist gestellt werden konnte, immer blieb er hinter dem Offiziere zurück, und Muth, Hingebung und Ausdauer im Ertragen von Beschwerden, und im Kampfe wurden stets nur durch Offiziere erweckt und erhalten: so daß zu allen Zeiten und unter allen Umständen die Tüchtigkeit der Truppen von der Tüchtigkeit der Offiziere abhing! —

In jedem Quartiere muß der Kommandirende eine Quartierliste besitzen, um nicht blos zu wissen, wo und wie die Leute einquartiert liegen, sondern auch, um die Quartiere für seine Person jederzeit zu finden.

In manchen Gegenden, und sogar in ganzen Landstrichen, ist es besser, die Nacht, des Ungeziefers wegen, außer dem eigentlichen Hause, in Scheunen, auf Heuböden rc. zuzubringen; jedes Schlafen im Freien darf aber weder am Tage, noch weniger des Nachts geduldet werden; reinliches Stroh ist aber jedem nur irgend verdächtigen Bette weit vorzuziehen. Sehr kräuterreiches frisches Heu, auch ohne giftige

Kräuter', ist als Schlafstelle stets schädlich. De starke Geruch desselben wirkt betäubend, und bewirkt im glücklichsten Falle doch tagelange drückende Kopfschmerzen. (benso) nachtheilig sind Schlafstellen auf feuchtem Boden, Grase und Steinpflaster, die nicht selten, sehr oft schon nach ener Stunde Schlafes, Lähmungen einzelner Glieder, oder des anzen Körpers nach sich ziehen. Das Schlafen am Tage im Freien wird noch nachtheiliger, wenn bei großer Hitze der Kopf nicht vor den Sonnenstrahlen geschützt wird, was leich den Sonnenstich zur Folge haben kann. —

Sind die gewöhnlichen Dienstgeschäfte abgenacht, und bleibt bei einzelnen Märschen, besonders an Ruhetagen, noch Zeit übrig, so bietet jeder Ort nach seiner Art sehenswerthe Eigenthümlichkeiten oder Denkmäler dar, und ar viele Orte knüpfen sich historische Erinnerungen. So wie die Leute aus den großen Garnisonen durch Anschauung des Merkwürdigen viel an Einsicht, Kenntniß und Intelligenz gegen Kleinstadter gewinnen; eben so sind die Leute auf den Märsden da, wo es angeht, ohne ihnen jedoch irgend einen Zwang deshalb anzulegen, dazu aufzumuntern, besonders, da die Meisten auch Sinn dafür haben, und ihnen überhaupt nirgends der Zutritt verwehrt wird. Zu vielen Gewinn darf man sich zwar fur alle Leute hievon nicht versprechen, es ist aber inmer besser, daß sie umher gehen, als müßig liegen. Etwas bleibt von dem vielen Gesehenen immer haften, das alsdann Stoff zu Unterhaltungen, Belehrungen und Berichtigungen giebt; einzelne Leute aber gewinnen dabei ungemein, so wie man überhaupt annimmt, daß nur der rohe Mensch durch den Krieg noch roher wird, der schon gebildete aber desto mehr an Bildung gewinnt.

Für jeden Soldaten ist überhaupt die Ortskunde schon

wichtig, für den Offizier außerdem noch die Kenntniß der nächsten Umgebung, sei es auch nur zur eigenen Uebung und Beurtheilung von Stellungen; bei größeren Ausflügen aber lernt man die ganze Gegend kennen, und alsdann ist der Vortheil noch überwiegender. Man kann nicht wissen, ob man nicht einmal davon Gebrauch machen kann. Dem Offiziere muß es aber Bedürfniß sein, die Localität jedes Marschquartiers, selbst im tiefen Frieden, kennen zu lernen, insbesondere die Ein- und Ausgänge, da es grade in dieser Beziehung schwierig ist, sich im Orientiren zu vervollkommnen. Diese Eigenschaft ist keinesweges etwa eine beiläufige Zugabe für einen Offizier, sondern Ehrensache. Es giebt keinen kläglicheren Anblick, als den, wenn der Vorgesetzte nicht weiß, ob er sich rechts oder links wenden soll, und nichts beraubt ihn des Vertrauens seiner Untergebenen mehr, als eine solche Unsicherheit!

Der Kommandirende wenigstens muß mit den besten Karten des Landes versehen sein, damit er nicht, von Boten abhängig, irre geführt, unnöthige Wege mache, und auch hierin dem gemeinen Manne als der sicherste Führer erscheine; denn nichts empört den ermüdeten Soldaten mehr, als wenn er unnöthige Wege machen muß. Sind aber die Karten nicht speziell, oder gar unrichtig, so sind Boten nicht zu vernachlässigen. —

Ein so unwillkommener Gast der Soldat bei dem jetzigen Einquartirungswesen auch dem Einwohner ist, so kann er doch durch Verbindung anständiger Sitten mit Achtung des Wirths dem Letztern das Unangenehme seines Besuchs sehr mildern, und die schwere Last der Einquartierung erleichtern. Nichts desto weniger ist streng darauf zu halten, daß der Soldat in seinem Rechte erhalten, und auf keine

Weise verkürzt werde. Auf alltägliche Lamento's und Entschuldigungen, daß die Einquartierung nicht angemeldet, überrascht gekommen, daß nichts angeschafft oder zur Stelle sei, 2c. darf keine Rücksicht genommen werden, sonst würde der Soldat bald hingeopfert werden.

Die Reglements bestimmen stets genau, was der Soldat auf dem Marsche zu fordern hat, und dieses muß er genau kennen, um weder nöthig zu haben zu darben, noch sich eigenmächtige Ueberschreitungen zu erlauben.

Wenn große Massen marschiren, gilt die Gewalt, die Alles beherrscht, und Furcht vor derselben gebietet den Einwohnern, Alles anzuwenden, um Schonung, Milde und Ruhe zu verdienen. Ganz anders stellt es sich bei einzelnen Märschen, isolirt vom Ganzen, wo der Soldat Belehrung erhalten muß, wie er sich zu verhalten habe, denn es ist ein großer Unterschied zwischen geben müssen und gern geben, bei dem Letztern erlangt aber der Soldat, der soviel vom Essen und Trinken hält, weit mehr.

Märsche unter einer nicht geneigten Bevölkerung haben das Gute, daß die Leute, auf sich selbst angewiesen, auch auf sich vertrauen lernen. Je weiter die Soldaten überhaupt von der Heimath sich entfernen, destomehr hält sie schon ein gewisser Instinkt von selbst zusammen, und auch sonst mangelhafte Subjekte werden alsdann von ihnen sorgfältig in Schutz genommen. Das Band der Vereinigung wird aber um so stärker, wenn die Armee aus dem Bereiche ihrer Muttersprache entfernt ist. —

Erhält der Soldat mehr in einem Quartiere, als ihm zukommt, so hat er ein sogenanntes gutes Quartier, das dann noch besser wird, wenn er dabei freundliche Gesichter, und alle Bereitwilligkeit vorfindet. Uebrigens wird der Soldat selten sagen, daß er ein gutes Quartier gehabt habe, weil er leider nie zufrieden ist; er wird höchstens nur sagen: es ging an! Im Innern des Quartiers herrscht die Hausfrau, die eigentliche Verpflegerin, mit welcher es daher die Einquartierung niemals verderben darf, ihr vielmehr freundlich entgegen kommen muß. Diese, aufmerksam behandelt, speiset nicht bloß reichlich, sondern auch gern, und versorgt auch wohl noch den Mann auf den Marsch, so daß er ein schlechtes Quartier den folgenden Tag weniger empfindet; sie versorgt ihn auch mit reiner Wäsche und andern Bedürfnissen.

Ein anständiges Benehmen unter sich und gegen die Hausbewohner, so wie die Schonung ihres Eigenthums, und eine gewisse Vorsorge für dasselbe, z. B. wegen Feuersgefahr, beim Tabackrauchen ꝛc. sichert dem Soldaten die Achtung derselben.

Ein jedes Quartier ist der Soldat verbunden in Obhut und Schutz zu nehmen, d. h. er darf weder selbst etwas verderben, Muthwillen oder Unbilden in demselben verüben, noch dulden, daß so etwas von Andern verübt werde. „Dem Eigenthume muß überall der gehörige Schutz gewährt werden, denn bei einer geordneten Armee müssen die Rechte Aller geschützt und gesichert sein.“ Gegen jede Art Zerstörung muß daher der Offizier stets mit aller Strenge einschreiten, und sie unter keinem Vorwande dulden, oder gar billigen; sowohl die jetzige Gesittung, als die billige Vorsorge für die Nachmarschirenden verpönen sie. „Die Engländer, sonst nicht immer persönlich beliebt, haben ihre Macht und die Achtung, die sie überall genießen, nur dem gesetzlichen Schutze zu verdanken, welchen sie dem Eigenthume gewähren.“ So darf auch ein verlassenes Bivack ohne besondern Befehl nicht zerstört werden, weil dasselbe entweder noch von Nachfolgern gebraucht werden, oder seine Ueberreste noch den Landleuten zu Gute kommen können. Im Kriege muß überhaupt jede Vergeudung als ein Verbrechen angesehen werden.

Die besten Quartiere, die ihm ganz zusagen und auch die meiste Bequemlichkeit gewähren, findet der Soldat bei dem Bauer; weniger bei dem sogenannten gebildeten Stande; bei vornehmen und gelehrten Leuten, die weder von vielem Essen, noch weniger aber von einer gehaltreichen genügenden Kost etwas halten wollen; bei Pächtern, Predigern, und sonderbar genug, auch bei ehemaligen Militärpersonen. Erstere speisen lieber mit schönen Worten als guter Küche; die Letzten sind gleich bereit, zu versichern, daß solche Forderungen zu ihrer Zeit unerhört gewesen wären. Oft wird auch dem Offiziere, wenn er mit seinen Leuten zusammen einquartiert ist, auf alle Art und Weise Aufmerksamkeit erwiesen, um dadurch Veranlassung zu nehmen, desto weniger für die Leute zu thun.

„Diejenigen Soldaten, welche Bauernsöhne sind, drücken den Bauer, den sie naiverweise „einen dummen Bauer" nennen, am Meisten, und man muß sie besonders streng überwachen."

Bei der mancherlei üblen Laune der Wirthe bleibt nichts übrig, als eine gewisse Festigkeit zu zeigen, und durch ein würdevolles Benehmen den Wirth zur Schuldigkeit anzuhalten. Dieses ist besonders die Pflicht des Aeltesten im Quartiere, der als Wortführer für Alle spricht, nnd nicht dulder, daß die ganze Einquartierung, ein Jeder für sich, Forderungen macht. Ist nicht Schaden im Verzuge, so muß man schlechte Wirthe im eigenen Beisein durch die Ortsobrigkeit zur Erfüllung ihrer Pflicht zwingen.

„Die Klagen der Wirthe, besonders im feindlichen Lande, muß der Offizier sehr genau untersuchen, denn häufig sind sie ganz ungegründet. So konnten die Franzosen, abgesehen, daß sie überhaupt höchst ungern geben, gar nicht begreifen, daß zur Sättigung des deutschen Soldaten so große Quantitäten Nahrungsmittel erfordert würden. Wenn sie daher über unbillige Forderungen der Einquartierung klagten, so fand sich in der Regel, daß diese viel zu wenig zu essen bekommen hatte. Suchten die Leute, die sich nicht verständigen konnten, etwa nach einem Lappen, um die Gewehre abzuwischen, so schrie der Bauer, man plündere bei ihm."

Die Vorgesetzten entscheiden billigerweise da, wo Recht zu sprechen ist. Sie werden, wo es geschehen kann, nachgeben, aber auch ungerechte Forderungen und Anmaßungen, sie mögen kommen, woher sie wollen, bestimmt, und mit gleich großem Ernste und Nachdrucke zurückweisen. Sie werden den Uebermuth ihrer Soldaten nicht dulden, noch viel weniger aber die Geringschätzung und Beeinträchtigung derselben durch die Einwohner, durch welche ihre Untergebenen verkümmern würden, die sie jederzeit vertreten müssen. Bei bereits abgelegten Proben eines guten Betragens ihrer Leute werden sie die Einwohner nicht durch Annahme einer jeden geringfügigen Klage verwöhnen, ihren Leuten vielmehr auch vertrauen! „Der Kommandeur muß mit seinen Untergebenen in geistiger Gemeinschaft stehen, die ihm innig und vollständig wiederum vertrauen müssen. Er muß sein Vertrauen in sie ohne Rückhalt aussprechen, damit sie auch ihrerseits dasselbe mit dem unerläßlich nöthigen Vertrauen wieder erwiedern können."

Hierbei muß auch der Führungsatteste über das Betragen der Leute nach gehabtem Quartiere noch Erwähnung geschehen, auf die viele Kommandeure im letzten großen Kriege, selbst im feindlichen Lande, so sehr gehalten haben, die zwar dazu dienen sollten, die Beschuldigungen grober Excesse, die einem Truppentheile ohne Grund aufgebürdet werden konnten, zu beseitigen, welche jedoch alles Vertrauen in die eigene Mannszucht ausschließen, und die Leute von den Einwohnern bevormundet und abhängig machten.

Nichts aber entfremdet den Offizier seinen Leuten mehr, als Partheilichkeit in der Entscheidung, daher auch der Schein davon vermieden werden muß, wogegen sich der Offizier durch Vorsorge und Unpartheilichkeit den viel bedeutenden Namen eines Soldatenfreundes erwirbt, eine Benennung, durch die der Soldat auch Alles ausdrückt. Einen solchen Ehrennamen kann sich der Offizier schon gefallen lassen; dagegen ist es keine Ehrenbezeichnung, als ein sogenannter guter Mann zu gelten.

Alles, was der Offizier thut, thut er als ein Mann von Ehre, nicht aber, um von seinen Untergebenen gelobt zu werden, noch weniger, um sich bei diesen in Gunst zu setzen, vielmehr: aus Pflicht, und um mit sich selbst zufrieden zu sein. Er geht daher seinen Weg fort, bemüht, die Pflichten seinen Untergebenen zu erleichtern, damit sie solche mehr erfüllen können, und ist ihnen in treuer eifriger Erfüllung seiner Dienstpflichten ein Muster. Er ist im Dienste streng, gerecht, und unparteiisch gegen Jeden, außer dem Dienste aber freundlich und wohlwollend; hat Wohl und Interesse der Leute stets vor Augen; wacht über ihre Bedürfnisse, und sorgt für sie, wo er nur kann; zeigt ihnen bei jeder Gelegenheit sein Wohlwollen und seine Theilnahme; ist unzertrennlich an sie gebunden; denkt an sich stets zuletzt, und theilt sein Loos mit ihnen unter allen Umständen, besonders bei Entbehrungen.

„Hierin liegt das Geheimniß seiner unumschränkten Gewalt und Herrschaft über das Gemüth seiner Untergebenen! Unter einem solchen Führer gestaltet sich die Truppe zu einem Ganzen, und thut alsdann Wunder!"

Hat er aber alle diese Pflichten im ganzen Umfange treu erfüllt, so wird er sich auch selbst ein gutes Zeugniß geben können, und darf mit Sicherheit darauf rechnen, daß ihm die Untergebenen mit Achtung uud Zuneigung zugethan sein werden. Der Offizier bedarf nur des Zeugnisses seines eigenen Bewußtseins, und des Anerkenntnisses seiner Obern! Denn im Frieden, wie im Anfange eines Krieges überhaupt, ist der Soldat entweder zu jung oder zu unerfahren, um ein Urtheil fällen zu können, und thut er es auch, so ist darauf nichts zu geben. Dieses findet sich erst später, und alsdann wird dem bewährten Führer von den kriegserfahrnen Gemeinen bestimmt hohe Verehrung zu Theil.

Kantonieren, und Stillstehen auf längere Zeit.

Die Ruhetage auf dem Marsche dienen ebenso zur Wiederherstellung der erschöpften Kräfte der Soldaten, als zur Wiederinstandsetzung der Bekleidung, Bewaffnung u. s. w., um durch Beseitigung kleiner Mängel an denselben zu hindern, daß größere entstehen.

Kommt man dagegen auf längere Zeit zum Stehen, so darf die Ruhe, die den Truppen hierdurch gegeben wird, nie in solche träge Ruhe ausarten, bei welchen der Soldat erschlafft, oder verweichlicht wird. Sie würde nach ausgestandenen Beschwerden ohnehin, wie jeder plötzliche Uebergang von einem Aeußersten zum andern, nur höchst schädlich werden. Die Zeit der Ruhe wird vielmehr zur weiter fortgesetzten Ausbildung, und neuer Vorbereitung zum Kriege, als der Bestimmung und dem Zwecke des Soldaten, benutzt, wozu derselbe jeden Augenblick bereit sein muß.

„Strenge Ermüdung, wie erschlaffende Unthätigkeit, sind in solcher Ruhezeit gleich schädlich, und daher zu vermeiden. In den Kantonirungsquartieren muß unausgesetzt Aufsicht auf die Leute gehalten werden, besonders, wenn diese bereits an eine größere Ungebundenheit gewöhnt waren, weil solche an Freiheit, schlechte Wirthlichkeit mit Vorräthen ꝛc. gewöhnte Mannschaft sich schwer zur bestimmten Ordnung, zu einer nützlichen Sparsamkeit, zur Achtung des Eigenthums, und zu der den Einwohnern schuldigen Rücksicht bringen läßt."

Anleitungen zu geben, wie die Zeit ausgefüllt werden solle, gehören nicht zum Zwecke dieses Aufsatzes. Außer der Abhülfe bekannter Mängel, die beim Ausmarsche des Truppentheils als solche anerkannt wurden, kommen noch diejenigen hinzu, die während des Marsches bemerkt worden sind, wegen Mangel an Zeit jedoch nicht berücksichtigt werden konnten. Hiezu treten so viele Felddienstübungen, als möglich, da diese den Leuten die meiste Gelegenheit geben, selbstständig zu handeln.

Da, wo man längere Zeit verweilt, muß man die äußern Verhältnisse des Kommandos sicher stellen. Der Kommandirende muß es sich daher nicht verdrießen lassen, außerdienstliche Verbindungen anzuknüpfen, und den Personen von Bedeutung seine Aufwartung zu machen, denn er kann dabei nur gewinnen. Die Behörden, welchen der Offizier hülfliche Aufmerksamkeit erwiesen hat, werden gern bereit sein, kleine Differenzen auszugleichen, und diese fallen immer vor, da die

Soldaten keine Engel sind. Versäumt aber der erste Vorgesetzte dieses, so thut er nicht blos als Vertreter seiner Untergebenen nicht seine Pflicht, sondern bringt auch diese, und sich selbst in ein nachtheiliges Renommee, weil alsdann auch die unbedeutendsten Vorgänge öffentlich zur Sprache gebracht werden, und man bei Wiederholungen von Klagen von oben herab, wie billig, annehmen muß, es werde keine Ordnung gehalten. Eine solche Annahme schadet aber dem Führer am Meisten.

Verpflegung.

Sattsein und Gesundheit sind für Menschen und Pferde gleich nothwendig. Mit hungrigen Soldaten läßt sich weder marschiren, noch weniger der Feind schlagen, daher schon die alten Feldherrn wohlgespeisete Soldaten zum Schlagen gefordert haben, welchem Grundsatze auch heut noch besonders die Engländer huldigen.

Die Vorgesetzten müssen, wo irgend möglich, stets Rath schaffen, um hinreichende Verpflegung zu bewirken; es ist dieses eine ihrer ersten Pflichten. Wenn der Soldat gar keine Zahlung leisten kann, werden Unregelmäßigkeiten am Häufigsten vorkommen, die zu hindern, eine besondere Vorsorge erfordert.

Wird dem Manne nur Löhnung gegeben, ohne ihn besonders zu verpflegen, so muß ihm nicht selbst die Verpflegung in Gegenden überlassen werden, wo die Lebensmittel theuer, oder schwer zu beschaffen sind. Alsdann muß dafür allgemein gesorgt werden. Wo aber der Soldat Zahlung und Verpflegung erhält, sind auch alle eigenen Forderungen, Requisitionen ꝛc. bei den Einwohnern, selbst im feindlichen Lande, nicht zu dulden, vielmehr auf das strengste zu bestrafen, und zwar ohne alle Nachsicht: sonst arten die Soldaten leicht aus, und die geringste Nachsicht würde nur das Verbrechen fördern. Es ist dieses eines der Hauptgesetze der Disciplin!

Sehr oft treten aber auch Fälle ein, wo die Verpflegung knapp wird, was bei der jetzigen Kriegführung nicht selten vorkommt; alsdann muß der Soldat auch nicht sogleich ans Verhungern denken. Für diesen Fall soll er schon früh gewöhnt werden, auch mit Wenigem auszukommen, Noth und Mangel, wo es sein muß, mit Hingebung zu ertragen, nie zu viel zu fordern, am Allerwenigsten aber den Ueberfluß zu verwüsten, und niemals üppig zu leben!

Je kälter das Klima ist, desto besser muß nicht nur der Soldat bekleidet, sondern auch genährt werden. Er muß daher in diesem Falle einen Zuschuß an Lebensmitteln und Getränken erhalten. Die Lebensmittel müssen nicht blos von guter Beschaffenheit, sondern auch vom richtigen Gewichte sein, besonders wenn sie von Lieferanten geliefert werden.

Gesundheit.

Kein Krieg ist ohne Leute zu führen. Diese und insbesondere gediente Soldaten dem Vaterlande zu erhalten, ist eine der vornehmsten Pflichten der Offiziere. Ist daher der Mensch im Frieden schon mit Aufmerksamkeit zu behandeln, so muß solche im Kriege verdoppelt werden.

Im Kriege kann der Soldat überhaupt noch viel weniger, als im Frieden, vor allen Krankheitsursachen geschützt werden; es wird daher auch im Kriege Kranke leichter und häufiger geben, als im Frieden.

Bei der jetzigen Art der Kriegführung mit großen Armeen, zu allen Jahreszeiten, bei der damit oft verbundenen unregelmäßigen Verpflegung und mangelhaften Unterbringung der Truppen in den Quartieren, Lagern und Bivacks; bei der großen Jugend der Soldaten, und endlich bei den außerordentlichen Anforderungen an dieselben: ist ein viel größerer Abgang, als ehemals, unvermeidlich. Die vielen und großen Strapatzen vermindern jetzt die Armeen viel mehr, als Gefechte und Schlachten, auf eine früher unerhörte Weise!

Ein unrichtiges Verhältniß zwischen Marsch und Ruhezeit, übermäßiges Antreiben und darauf folgendes lang anhaltendes Stehen auf der Stelle unter Gepäck und Waffen; abwechselndes Durchnässen, Frieren und Schwitzen; Mangel an Zeit oder an Bekleidung zum Umziehen; Hunger, Durst, und unmäßige Befriedigung beider u. s. w. machen den Soldaten bald dienstunfähig. Unreinlichkeit, schlechte Kost oder Mangel an Nahrung und Bekleidung, und andere nachtheilige Entbehrungen; vieler schwerer ununterbrochener Dienst bei wenig Rast und Ruhe, bei wenig oder keinem Schlafe; ein unordentliches Leben, Mühseligkeiten, Strapatzen und Fatiguen; forcirte Märsche, besonders bei Nacht und kothigen Wegen; Hitze, Kälte und Nässe, Kampiren oder Bivackiren bei denselben rc. erzeugen die meisten und gefährlichsten Krankheiten, und lichten die Reihen auf eine außerordentliche sonst nie gekannte Art!

Die an die Lazarethe Abgegebenen sieht man nicht immer wieder, und alle an den Mann gewendete Mühe geht mit ihm verloren; denn, wenn auch nicht Alle sterben, so vermögen sie doch auch nicht leicht, ihren Truppentheil einzuholen, oder wieder aufzufinden. Der Abgang ist zwar zu ersetzen, aber der Ersatz ist nicht immer genügend ausgebildet, daher der Werth der Abgegangenen verloren bleibt, so wie überhaupt mancher Mensch in seiner Eigenschaft nicht zu ersetzen ist. Der Verlust kriegserfahrener Leute ist aber stets unersetzlich.

Dieses sind Gründe genug, den Vorgesetzten die Pflicht aufzuerlegen, die Gesundheit ihrer Untergebenen mehr als je zu überwachen. „Stets vollzählig zu sein, zeigt nicht blos gute Instruktionen, und guten Geist der Mannschaft, sondern auch jederzeit einen sehr achtungswerthen Führer an."

Die Erfahrung lehrt genugsam und überzeugend, daß bei sorgsamen Kommandeuren, denen die Gesundheit ihrer Leute am Herzen liegt, die Zahl der Kranken sowohl im Frieden, als im Kriege stets gering ist. Es gehört auch im Ganzen wenig dazu, Leute, die ohne besondre körperliche Gebrechen sind, und sich im blühendsten Lebensalter befinden, gesund zu erhalten, indem nur auf die Befolgung von ganz simplen Lebensregeln gehalten werden darf, die Unwohlsein und Krankheiten verhüten: diese muß aber der Soldat kennen! Wenn dieser auf das, was ihm schädlich ist, achten, und die verderbliche Wirkung desselben kennen gelernt hat; wenn ihm dieses von seinem Vorgesetzten eben so ernst und menschenfreundlich, als verständlich auseinander gesetzt worden ist: wird er nicht blos willig und gern der Verordnung nachleben, die sein Wohl bezweckt, sondern auch aus freiem Antriebe alles thun, was seine Gesundheit erhält, da bis auf wenige Ausnahmen jedem Soldaten im Kriege die Krankheit viel schrecklicher erscheint, als der Tod auf dem Schlachtfelde.

Dieser Umstand unterstützt besonders den Vollzug der ertheilten Gesundheitsregeln, die aber der Vorgesetzte außerdem noch überwachen muß, da der Mensch leider das, was ihm am Nächsten und Zuträglichsten ist, am Meisten außer Acht läßt. So hält es der gemeine Mann für einen unnöthigen Zwang, wenn ihm das Trinken in der Hitze unmittelbar nach dem Marsche, oder das sofortige Umkleiden, Entblößen des Kopfes rc. untersagt wird, und es giebt Viele, die sich sogar durch warnende Beispiele nur auf kurze Zeit abschrecken lassen.

Zuvörderst ist auf große Reinlichkeit des Körpers sowohl, als der Bekleidung zu halten, da diese die Gesundheit ungemein befördert, insbesondere auf öfteren Wechsel der Wäsche. Das Baden in fließendem Wasser unter Aufsicht ist der Gesundheit sehr zuträglich. Die Morgenstunden vor dem Frühstück werden hiezu für die besten gehalten. Dagegen ist das Baden nach dem Exerzieren, nach starken Märschen, selten so zuträglich. Das Baden bei großer Mittagshitze mit unbedecktem Kopfe zieht jungen vollblütigen Leuten nicht selten den Sonnenstich zu. Die Füße der Fußgänger müssen so oft, als möglich, mit lau warmem Wasser gewaschen werden; am besten, ehe sie sich Abends zur Ruhe begeben.

Für den Mann zu Fuße erfordert die Beschaffenheit und Wartung seiner Füße überhaupt die größte Aufmerksamkeit. Es ist unglaublich, welchen Abgang eine Armee im Laufe eines Krieges durch Fußkranke hat! und doch liegen die Ursachen hiezu nur in einem unreinen Fuße, zu enger, fehlerhafter oder drückender, nicht eingeschmierter Fußbekleidung, in fehlender Instruktion, Sorglosigkeit der Leute, und im Mangel an Aufsicht! „Es muß darauf gehalten werden, daß die Leute die schwielenartige Haut von den Füßen entfernen, die Nägel gehörig abschneiden, die Strümpfe glatt ziehen, oder die Fußlappen vorsichtig umlegen, und der Offizier muß sich die Mühe nicht verdrießen lassen, sich oft selbst von dem Zustande der Füße und der Fußbekleidung zu überzeugen."

Je zahlreicher in einer Armee junge Soldaten sind, um so mehr müssen ihnen die Regeln der Enthaltsamkeit und Mäßigkeit eingeschärft werden. Gegen das zwanzigste Jahr und darüber hat der männliche Körper viele Anlagen zu Brustkrankheiten und andern gefährlichen Uebeln. Trifft in diese Zeit eine bedeutende Veränderung der ganzen Lebensweise, und lebt der junge Soldat dann noch unmäßig oder ausschweifend, so erliegt der Körper viel leichter und häufiger, als in späteren Jahren, wo sich der ganze Organismus mehr in Uebereinstimmung gesetzt hat, und daher die von außen eindringenden Schädlichkeiten kräftiger zurückweisen kann. Eine Armee von alten Soldaten bleibt nicht deshalb vollzähliger und ausdauernder, weil die Schwächlinge aus derselben geschieden sind, sondern vielmehr dadurch, daß ein Jeder durch Erfahrung gelernt hat, was ihm schadet oder nützt; denn nicht immer erliegen die körperschwachen Leute zuerst, viel häufiger dagegen die jeder Lebensordnung entgegen Handelnden, die Unmäßigen und Unvorsichtigen, wogegen es erwiesen ist, daß auch Schwächlinge, sobald sie nur der Ordnung und Gesundheit gemäß gelebt haben, im Laufe des Krieges zu einer kernhaften Gesundheit gelangt sind.

Erhitzung, Ermüdung und Erkältung kommen bei jungen Leuten, die ihre Kräfte noch nicht kennen, oder zu gebrauchen verstehen, in der ersten Zeit der angestrengten Märsche am Häufigsten vor. Erhitzung, und darauf folgendes langes Stillstehen oder Verweilen sind stets sehr schädlich und daher zu vermeiden. Bei den Friedensübungen wird man schon gewahr, daß, so lange der Soldat in Bewegung ist, er auch selten unwohl wird; müssen aber die Truppen gegen das

Ende der Uebung einige Zeit stehen, so werden auch bald Mehrere ohnmächtig niederfallen.

Gewöhnlich pflegt der Mann das Innere seiner Kopfbedeckung gern zu einem Magazine zu machen. Sitzt ihm solche nicht bequem genug, so wird sie dadurch um so lastender, und er wird sie bei jeder Ruhepause abzulegen suchen. Bei Erhitzung ist in diesem Falle darauf zu halten, daß der Mann die Feldmütze aufsetze, indem auch diese Maaßregel die Gesundheit fördert.

Je größer und schlanker die jungen Leute sind, desto schlaffer sind sie, und um so weniger geeignet, Strapatzen zu ertragen. Junge Leute insbesondere gehen gleich darauf, wenn sie täglich in harten Dienst, mit Entbehrungen verbunden, genommen werden, wenn vorher keine Abhärtung und keine Vorbereitung zu der neuen Lebensweise stattfinden konnte.

Feuchtigkeit, Nässe und Kälte sind die gewöhnlichen Ursachen vieler Krankheiten. Dem Reiter muß das Umhängen des Mantels vor dem Anfange des Regens gestattet werden. Märsche und Aufenthalt in niedrigen, sumpfigen, nebligen Gegenden sind dem Gesundheitszustande immer schädlich. Das Lagern auf feuchtem, schwammigen, mit Sümpfen umgebenem Terrain gefährdet die Gesundheit um so mehr, wenn die Gegend tief liegt, und wenig von Winden berührt wird. Ebenso ist das Lagern im Walde, dessen Boden feucht ist, und daher Fieber erzeugt, möglichst zu vermeiden. Im unvermeidlichen Falle ist das Lagern auf dem höchsten Theile des Terrains zu erwählen. Die Leute müssen warm gekleidet gehen, gutes Trinkwasser, frisches Gemüse, frisches Fleisch und doppelte Brantweinportionen erhalten, ihre Lagerstätten des Nachts nicht ohne Noth, nicht baarfuß, und nicht ohne warmen Anzug verlassen, weil dies sonst die Ruhr erzeugt.

Bei längerem Verweilen unter solchen Umständen muß der Dienst des Nachts möglichst verringert, das Exerziren und Manövriren nur auf kurze Dauer beschränkt, auch dürfen sämmtliche Uebungen erst nach eingenommenem Frühstück abgehalten werden. Da faules Stroh den Typhus erzeugt, so muß das Lagerstroh so oft als möglich erneuert werden.

Die Kälte erschöpft die Kräfte des Menschen, und der Soldat muß mit den Schutzmitteln gegen die üblen Einflüsse derselben bekannt sein. Das Lagern im Winter erzeugt außer dem Typhus noch gefährliche Brustentzündungen.

„Die Bivacks insbesondere sind der Ruin der Menschen, Pferde, und auch des Materials. Nach einem forcirten Marsche kostet ein Bivack bei kalter, feuchter und stürmischer Nacht eben so viel Menschen, als ein blutiges Treffen.“ Dennoch giebt man einem jeden Bivack den Vorzug vor einem mit ansteckenden Krankheiten behafteten Dorfe.

Plötzlicher Eintritt in große Stubenwärme nach heftiger Kälte bewirkt Krankheiten, und sehr oft einen schnellen Tod. Dies war unter andern der Fall mit dem preußischen Armeekorps 1812 in Kurland, das schlecht gekleidet, (viele Leute bei 20° R. noch mit leinenen Hosen) ausgehungert, plötzlich am Niemen in ruhige gute Kantonirungsquartiere kam, und dadurch sehr viele Leute verlor. Wie viele auf diese Art von der französischen Armee Kinder des Todes wurden, ist noch im Andenken. Nachdem der Soldat Monate lang beständig in freier Luft, und in Bewegung war, wird es ganz unerläßlich, ihn in den Winterquartiren täglich einige Stunden außerhalb der Stuben zubringen, und sich Bewegung machen zu lassen.

Wer lange hungern müssen, ißt zu gierig, und die erste Nahrung ist dann nicht immer Erquickung, sondern oft der

Tod. Nach langem Fasten erlaube man daher nie dem Soldaten, sehr kräftige und sehr consistente Nahrung zu sich zu nehmen; die erste Nahrung bestehe nur aus dünner Suppe, und erst nach und nach gehe man zu bessern Nahrungsmitteln über: sonst erfolgt eine tödtliche Ueberladung des Magens!

Bei Erhitzung, die durch Bewegung ꝛc. herbeigeführt ist, bewirkt Wassertrinken, oder überhaupt kaltes Getränk, einen plötzlichen Tod, oder legt den Grund zu spätern Krankheiten, und ist es ein gutes Zeichen der erlangten Ausdauer und der Disciplin, wenn die Leute die Brunnen auf den Wegen nicht berühren. Wann es jedoch bei anhaltend großen Märschen nöthig wird, die Leute zu erfrischen, so müssen zuvor die Brunnen durch Unteroffiziere so lange besetzt werden, bis sich jene abgekühlt haben. Nachdem die Leute getrunken haben, muß entweder der Marsch sogleich fortgesetzt, oder ein anderes Mittel ergriffen werden, die Leute in Bewegung zu bringen. Das Wassertrinken bei großer Hitze vermehrt nur den Durst und Schweiß. Wasser mit Branntwein oder Essig vermischt, löscht den Durst am besten, und verhindert die Entwickelung vieler oft schwerer Krankheiten. Schlechtes Wasser zu trinken muß streng verboten, oder es muß in Ermangelung besseren mit Brantwein, Essig, oder andern Säuren zuvor vermischt werden. Stehendes, schlammiges Wasser muß nöthigenfalls durch ein leinenes Tuch gegossen werden, bevor es gebraucht wird. In Ermangelung alles Wassers läßt man die Leute bei großem Durste Brotrinde, Baumblätter oder Pflanzen kauen.

Ein großes Uebel der Zeit ist der zu häufige Genuß des Brantweins, der, übermäßig getrunken, sowohl für die Gesundheit, als für den sittlichen Werth des Trinkers die verderblichsten Folgen hat; ein Getränk, das in diesem Falle den

Mann entnervt, und Veteranen im vollen Sinne des Wortes so selten macht! Der Soldat soll kein Wassertrinker, kein Liebhaber von Milch und Kaffee sein; nach einer tüchtigen Mahlzeit ist auch ein Trunk Brantwein Arznei und Stärkung für ihn, wogegen der Brantwein nüchtern getrunken, ermattet, und so, wie in großen Quantitäten, als Gift wirkt. Ein mäßiger Genuß des Brantweins ist dem Soldaten außerdem in vielen Verhältnissen sehr zuträglich, als: auf Märschen in kalten feuchten Winternächten; auf Märschen bei großer Hitze; bei anhaltenden Manövern, wo derselbe die Thätigkeit des Organismus erneuert, und den übermäßigen Schweiß zurückhält, der sonst die Kräfte des Menschen erschöpfen, und gefährliche Erkältungen veranlassen würde. In diesem letztern Falle muß der Brantwein mit Wasser vermischt werden. Auf Märschen in kalten Gegenden über den Oktober hinaus muß der Soldat eine Zulage an Brantwein erhalten, und muß nur darauf gesehen werden, daß die gereichten Portionen auch verbraucht, und nicht angehäuft werden, um sie dann auf einmal auszutrinken. Ebenso darf nicht geduldet werden, daß die Leute auf den Märschen ihre Brantweinflaschen beständig hervorziehen. Solche Leute ermüden immer zuerst, besonders, wenn sie vorher wenig oder gar nicht gefrühstückt hatten, und selbst die Reiter werden davon so schlaff, daß sie sich, ist erst der Brantwein verbraucht, kaum des Schlafes auf den Pferden enthalten können. Lagernde Truppen müssen verstärkte Portionen an Branntwein erhalten.

Wenn die älteren Soldaten weniger das Essen, und desto mehr das Trinken lieben, so verfallen die jüngeren in den entgegengesetzten Fehler: sich zu überessen! zwar nur anfänglich ein Unwohlsein, das aber dennoch manchen Soldaten schon dienstunfähig gemacht, und wenm er in Folge dessen ins Lazareth gekommen ist, oft dem To·de überliefert hat.

Weder diese nach andere hier gegebenen Hindeutungen sollen den Zweck haben, Furcht vor Lazarethen zu erregen, auf eine zweideutige Einrichtung derselben hin zu zielen, sie daher zu verdächtigen, oder irgend einen Tadel über dieselben und das Gesundheitswesen auszusprechen. Eine jede Armee wird dem Krankenwesen ohne Zweifel die gebührendste Aufmerksamkeit schenken. Dennoch darf aber für die Lazarethe keine Vorliebe in den Soldaten erweckt werden. Ein jeder an ein Lazareth Abgegebene ist nicht blos ein augenblicklicher Abgang, der stets möglichst zu verhüten ist, sondern auch meist auf immer. Eine geringe Ursache, die den Mann am Fortmarsche hindert, wie: Uebermüdung, ein durchgeriebener Fuß, ein Fieberfrost, ein erfrorner Finger rc. bringt ihn ins Lazareth, und oft ist schon die plötzliche Ruhe, die der an Thätigkeit und Bewegung, an Fatiguen gewohnt Gewesene hier findet, Unheil und Gefahr bringend für ihn; noch mehr aber die Stubenluft, die nervösen Fieber, die Ruhr, und andere ansteckende Krankheiten, die sich in einem Lazarethe vereint vorinden, und von hier aus nicht selten weiter verbreiten; niht zu gedenken, daß wenn erst Einer zum Liegen kommt, sich nicht selten unvermuthete Krankheiten bei ihm einstellen, wozu vorher kaum ein Keim vorhanden war.

Din beständige regelmäßige Beschäftigung der Kavallerie und reitnden Artillerie erhält ihre Leute gesund, und nur Wenige aus diesen Waffen wandern in die Lazarethe. So werden auch die fahrenden Artilleristen der Fußartillerie seltener kraik, als die Bedienungsmannschaft derselben: hinreichende Winke für letztere und die Infanterie, ihre Leute in reger Thätigkeit zu erhalten! denn der Phlegmatikus und

Faulenzer erkranken immer zuerst, ja, das Faulenzen macht an und für sich schon krank!

Endlich ist noch der übertriebenen langen Paraden auf der Stelle, eines unverhältnißmäßigen langen Stehens mit angefaßtem Gewehr, und jedes langen unbeschäftigten Stillstehens, als ebenfalls der Gesundheit nachtheilig, hier zu erwähnen. Nach dem Zeugnisse eines würdigen Regiments-Kommandeurs hatte diejenige Kompagnie, welche die längsten Appelle abhielt, auch stets die meisten Kranken. „Durch lange Appelle werden die Untergebenen fast zu Tode gelangweilt, und ihr Geist durch dieselben auf das Schrecklichste niedergedrückt. Hierher gehören auch die zu langen Uebungen in der Exerzierzeit, wo die Leute über die Gebühr lange auf den Beinen sind, und bei welchen doch verlangt wird, die Anspannung solle bis zum letzten Augenblicke dieselbe sein, wie beim Beginne der Morgenübung."

„Truppen, die stets in der Uebung erhalten werden, ohne sie unnützerweise zu belästigen, werden stets wenige Kranke haben; ebenso solche, in denen ein lebendiger Geist erhalten wird. Offiziere, die beides verstehen, und zu vereinigen wissen, sind selten, aber würdig, zu den ausgezeichnetsten zu gehören."

Durch eine regelmäßige Lebensweise, einfache, aber nahrhafte Kost, Mäßigkeit, allmählige Gewöhnung an alle Arten Strapatzen und den Wechsel der Witterung, ununterbrochene Thätigkeit und Bewegung rc. werden die Leute abgehärtet, ihre körperliche Kraft gemehrt, die Gesundheit gefördert und gestählt, Geist und Gemüth gekräftigt und erhoben, und sie werden sowohl zur Ertragung von Beschwerden, wie zu allen ausdauernden Unternehmungen im Kriege geschickt. Solche Leute werden auch alt, und zeigen sich noch im hohen Alter rüstig und gesund. Wie sehr eine regelmäßige Lebensweise nicht nur die Gesundheit, sondern auch die Erhaltung der Disciplin fördert, wird man schon im Frieden dadurch gewahr, daß diejenigen Kompagnien, welche mit der größten Kopfzahl an den gemeinschaftlichen Küchen Theil nehmen, nicht nur meistens die wenigsten Kranken, sondern auch mehrentheils weniger Bestrafte haben.

Der gesunkene Zustand der Disciplin trägt auf eine unglaubliche Art zur Unordnung, schlechter Lebensweise, und dem hieraus folgenden Menschenverluste bei, besonders, wenn es zur schnellen Wiederherstellung der Ordnung an tüchtigen alten Soldaten, Unteroffizieren und an Offizieren fehlt.

Jedenfalls ist der Geist, der von dem Kommandeur auf die Truppen ausgeht, ein nicht zu ersetzendes Mittel, diese ausdauernd gesund und kräftig zu erhalten. Friedrich der Große und Napoleon, letzterer besonders in den Feldzügen von Italien und Egypten, hatten stets wenige Kranke, wogegen die französische Armee jetzt in Algier deren unverhältnißmäßig viel hat. Das Klima allein kann dies nicht bewirken, da Unteregypten für die Franzosen noch viel verderblicher hätte sein müssen, und bis zur Zeit Napoleons das Sprichwort herrschte: „Italien ist der Deutschen und Franzosen Grab!“ —

Außer diesem Geiste des Kommandeurs kommen noch seine Vorsorge, ausdauernde Wachsamkeit, Thätigkeit, und Ueberwachung der für die Bekleidung, Verpflegung, besonders wenn letztere durch Lieferanten für die Armee und Lazarethe geschieht; für die Unterbringung, Behandlung, Gesundheit ꝛc. gegebenen Befehle in Betracht. Den mit dem Vollzuge dieser Befehle Beauftragten muß er zwar Vertrauen schenken, ihr Wirken aber nie aus den Augen verlieren, und darauf halten, daß sie in ihrer regen Pflichterfüllung nie nachlassen. Wo dieses nicht stattfindet, wird, wie bei jeder mangelhaften Beaufsichtigung, zuerst Lässigkeit erzeugt, welcher die Anmaßung und Gewissenlosigkeit folgen, die alle Arten von Unordnungen und Mißbräuche nach sich ziehen, durch welche zum Schaden des Vaterlandes Tausende dem Verderben überliefert werden! —

Traurige Gemüthsstimmungen sind bei großen körperlichen Anstrengungen um so mehr Ursachen zur Entwickelung vieler und der allergefährlichsten Krankheiten. Zahlreich betroffene Unglücksfälle erschüttern das Gemüth, und muthlose Armeen haben deshalb immer die meisten und gefährlichsten Kranken. Die Rückzüge, auch ohne Verfolgung und ohne Gefahr, reduziren in der Regel am Meisten, besonders wenn die allgemeine Mißstimmung durch ungünstige Einflüsse des Klima's, der Witterung, gefördert wird. Der gemeine Mann ist meist nur für die Eindrücke der Gegenwart empfänglich; das Unglück lähmt seine Seele, und seine Gedanken verfolgen alsdann nur eine Richtung. Wenn der Soldat erst muthlos wird, und in seiner Thätigkeit nachläßt, einem dumpfen verzweifelnden Brüten sich hingiebt, sich für verloren hält: dann brechen gewöhnlich, nicht zufällig, sondern als direkte Folge davon die verheerendsten und verderblichsten Krankheiten aus. Vom Feinde wird ein muthloses Heer zerstreut, von der Krankheit vernichtet! In solchen Lagen trägt auch der anscheinend Gesundeste seinen Antheil des allgemeinen Ungemachs, und fühlt dessen Wirkung. —

Im Kriege handelt man nach Umständen, indem man die für die Erhaltung der Gesundheit von Menschen und Pferden aus dem Frieden bestehenden Vorsichtsmaaßregeln, wo es sich thun läßt, anwendet, welchen man die Ergebnisse aus den eigenen Erfahrungen hinzufügt. Der Führer muß die Kräfte seiner Untergebenen, die sich viel leichter verbrauchen, als wieder ersetzen lassen, beständig berechnen, schonen, erhalten, damit er sie, möglichst ungeschmälert, stets zur Verfügung besitze. Ihm müssen die Ursachen aller Krankheiten, denen der Mensch unterworfen ist, nicht nur bekannt sein, um durch Belehrungen an die Untergebenen das Seinige zu deren Abwendung beitragen zu können, sondern er muß auch, um die Krankheit möglichst theilweise oder gänzlich zu beseitigen, eine vollkommene Kenntniß aller vorläufigen Hülfsleistungen besitzen, die einem Kranken ohne Beihülfe eines Arztes gewährt werden können, bis der Kranke dem Arzte übergeben werden kann.

Die Vorsorge für Kranke, Beschädigte, Verunglückte, Verwundete kann nie groß genug sein; es muß ihnen nicht nur schnelle Hülfe und brüderlicher Beistand geleistet, sondern sie müssen auch durch freundliche hülfreiche Behandlung und durch tröstende Worte aufgerichtet und beruhigt werden.

Der Kavallerist und Artillerist erhalten Anweisung zur Behandlung ihrer kranken oder dienstunfähig gewordenen Pferde; letzterer auch noch zur Instandsetzung seines schadhaft gewordenen Fahrzeugs und unendlich viele andere Anweisungen, deren Nutzanwendung denselben vielseitig brauchbar machen. Nicht so ist bisher für den Menschen selbst gesorgt worden! was jedoch während des Friedens versäumt worden ist, muß beim Ausbruche des Krieges nachgeholt werden: der Mensch lernt nie zu viel, und nie aus! Bei Detaschirungen geht nicht immer ein Arzt mit. Wer soll dem Leidenden, dem hülflos gewordenen Soldaten beistehen, wer ihm die erste Hülfe oder Rathschläge geben, bis er einem Arzte übergeben werden kann? Doch wohl zunächst seine Kameraden und sein Führer! Wie in allen Fällen fällt auch diese Pflicht dem Letztern insbesondere zu, und ihre Erfüllung gewährt und sichert ihm die dankbarste Anerkennung aller seiner Untergebenen.

Bei ausbrechenden Krankheiten sei die erste Sorge des Führers, Muth und Hoffnung seiner Soldaten um so mehr aufzurichten und anzufachen, je mehr die Niedergeschlagenen Ursache zur Muthlosigkeit zu haben glauben. Er bedenke aber auch, daß sich Muth und Gesundheit nicht befehlen lassen, sondern jener durch innern Willen, diese durch die eigene Kraft des Körpers wiederhergestellt werden, je nachdem es die Individualität des Einzelnen verlangt. Die zweite Sorge sei für gesundes Trinkwasser, Lebensmittel und gesunde Luft in den Aufenthaltsorten, Bivacks, Lagern. Endlich erhalte er in den Leuten geistige und körperliche Bewegung, belobe die Muntern, erheitere die Traurigen, tröste die Sehnsüchtigen, und verschaffe Allen Zeitvertreib auf jede nur mögliche Art, wobei er sich indeß hüten muß, daß nicht alle diese gutgemeinten Versuche als Gleichgültigkeit gegen das allgemeine Leiden erscheinen. Für Gläubige bleibt Religion das beste Mittel, nur darf der Seelsorger selbst nicht Muthlosigkeit dadurch erzeugen. In Hinsicht der Körperbewegungen vergesse man nicht, daß in einer solchen Zeit durch das allgemeine Leiden ein Jeder ergriffen ist, daher auch viel früher, als sonst ermattet, weshalb auch alle Uebungen, Vergnügen und Zerstreuungen nie bis zur Ermüdung fortgesetzt werden dürfen. —

Bei ansteckenden Krankheiten wird eine besondere Vorsicht und Wahrnehmung erfordert.

Bei der Ruhr ist Warmhalten des Unterleibs das beste Schutzmittel; die Erkrankten müssen schleunigst von den Uebrigen entfernt werden.

Der Typhus, oder Lager- und Feldpest, raffte im

Winter von 1812—1813 französische Soldaten in ungeheurer Zahl fort, und verbreitete sich, einem Pesthauche gleich, über ganze Gegenden, die von den Franzosen berührt wurden. Wilna und Torgau waren unter andern Zeugen einer Schauder und Grausen erregenden Verwüstung der Menschen durch denselben. Leute, die daran erkranken, suche man nie bei den Truppen zu behalten, schon ihrer selbst wegen, da sie doch oft in kurzer Zeit unrettbar verloren sind; aber auch der übrigen Gesunden wegen, weil auch der muthigste Soldat durch den Anblick eines am Typhus leidenden, stumm gewordenen, wankenden, einer wandernden Leiche ähnlichen Gefährten erschreckt, entmuthigt und weichherzig wird.

Die contagiöse Augenentzündung, eine im 7jährigen Kriege noch unbekannte Krankheit, 1813 zuerst in Deutschland in den Armeen bekannt, und in der neuesten Zeit in der belgischen Armee einheimisch geworden, ist sehr ansteckend, hat bereits Tausende des Augenlichts beraubt, und sollen die Ursachen ihrer Entstehung in: Erkältung der Füße, des Kopfs, besonders der Augen und des Nackens liegen, so wie solche auch Erhitzung jeder Art, Liegen und Schlafen auf feuchter Erde ꝛc. erzeugen kann.

Die Krätze ist nicht nur ein ansteckendes, sondern auch durch ihre schnelle Verbreitung ein sehr lästiges Uebel. —

Der Sonnenstich, eine Krankheit, die große äußere Aehnlichkeit mit Wahnsinn hat, wird bei jungen Leuten, die sich längere Zeit starken Sonnenstrahlen mit unbedecktem Kopfe aussetzen, erzeugt.

Das Erfrieren wird vermieden: wenn man vor dem Ausmarsche das Trinken von kaltem Wasser, welches erkältet, unterläßt; nicht zu viel Brantwein, welcher erschlafft und schläfrig macht, trinkt; Kopf, Hände und Füße mit Fett oder

Talg einreibt; die Füße mit Druck oder Löschpapier umwickelt, und in die Stiefeln glattes Stroh einlegt; bei Erhitzung der Füße durch Gehen sich nicht zu Wagen oder zu Pferde setzt; aus der Kälte in ein geheiztes Local gekommen den Ofen meidet. Erfrorne Glieder reibt man mit Schnee, oder eiskaltem Wasser, bis sie roth und warm werden, sind aber die Ohren ganz weiß gefroren, so sei man vorsichtig, weil sie sonst zerbrechen. —

Was Menschen leisten und auszuhalten vermögen, darüber bewahrt die Kriegsgeschichte viele Beispiele auf. Die Spanier haben unter andern Völkern gegen Napoleon den Beweis geführt, wie lange und in welcher Ausdehnung der Soldat Mangel und Entbehrungen ertragen kann, wenn er dazu nur festen guten Willen besitzt. Was die Dauer und Härte erduldeter Strapatzen betrifft, verdienen in neuer Zeit die französische Armee und das Yorksche Korps 1812, was dagegen die Ausdauer in der Anstrengung anbelangt, die preußische Armee in den Tagen von Ligny bis nach der Schlacht von belle Alliance hier angeführt zu werden.

„Geist muß der Soldat besitzen! der Geist muß aber in einem gesunden Körper wohnen; ein gesunder und tüchtiger Geist und Leib gehören zum thatenreichen Leben eines Heeres.“ „Da der Krieg überhaupt die größte menschliche Anstrengung aller Kräfte fordert,“ so kann den Offizieren die sorgsame Aufsicht über die Lebensart und Erhaltung der Gesundheit ihrer Untergebenen, als des ersten Gutes des Menschen, nicht genug empfohlen werden. Aber eine zu große Regelmäßigkeit und Pünktlichkeit in der Lebensweise verweichlicht leicht, und Verweichlichung ist die größte und gefährlichste Feindin der Armee, die schon Tausende in die Lazarethe lieferte. Man gewöhne daher die Leute an Abwechselung in allen Dingen, beschäftige sie viel, und lasse ihnen nie drei Tage hinter einander Ruhe. Ist aber dem Soldaten Ruhe wirklich nöthig, so muß sie ihm auch unverkürzt, und in hinreichendem Maaße gewährt werden.

Unterricht.

Die beste Disciplin allein reicht nicht hin, den Soldaten für seinen Stand brauchbar zu machen; es gehört dazu noch eine sorgfältige mehr geistige Ausbildung desselben; sonst nähme die Disciplin zu sehr den Character des Knechtischen an.

Die Zahl der jungen Leute ist groß, und die der alten Soldaten unter ihnen, an denen sie sich spiegeln könnten, zu gering; die Dienstzeit ist zu kurz, um selbst vielseitige Erfahrungen zu machen, und daraus genügende Belehrung zu schöpfen, sich in vorkommenden Fällen sicher zu benehmen; endlich machen Friedenserfahrungen allein noch keinen Feldsoldaten aus, vielmehr hat letzterer noch viel und mancherlei zu erlernen, und da die Zahl der Kriegserfahrnen in den Armeen immer geringer wird, werden beständige Unterweisungen und Belehrungen nothwendig: jedoch nur Instruktionen ohne Pedanterie und Schulmeisterei!

Durch gute Instruktionen werden die Verstandeskräfte entwickelt und erweitert, und dadurch die jungen Soldaten älter und erfahrener gemacht. Der wohlunterrichtete Mann hat zu sich mehr Vertrauen, und gewinnt dadurch eben so an Selbstgefühl als Selbstachtung, die alsdann wohlthätig durch das ganze Leben wirken; der wohlinstruirte Soldat aber gewinnt außerdem an Muth. Guter Unterricht führt ihn sicher und weiter in seiner geistigen Ausbildung fort; verhütet viele Vergehen, macht daher weniger Bestrafungen nöthig, und stellt die Leute für alle Verhältnisse brauchbarer. Die Erfahrung lehrte stets, daß, je schlechter der gemeine Mann unterrichtet und gehalten wurde, er auch desto mehr der Aufsicht bedurfte. Alle Meinungen von Gewicht stimmen aber darin überein, daß es auf Zahl und Masse der Kombattanten nicht so sehr ankommt, als auf die durch eine sorgfältige Ausbildung erlangte Brauchbarkeit derselben. „Die Qualität muß stets die Quantität ersetzen, die innere Tüchtigkeit das Aeußere überwiegen; der äußere Schein der Brauchbarkeit genügt jetzt nicht mehr!"

Zuvörderst ist der Soldat mit seinen Pflichten bekannt zu machen, denn wer sie nicht kennt, kann sie auch nicht erfüllen. Blondel sagt: „durch die Kenntniß der Pflichten erkennt der Soldat, was sie ihm kosten, und was sie ihm schaffen, und hierin liegt auch die Kraft und Anregung, sie zu erfüllen, so wie in deren Erfüllung das Mittel, sich selbst zu heben, und die allgemeine Achtung auf sich zu ziehen."

Ein beständiges Belehren, Ermahnen, Tadeln, Beloben, Anspannen und Zurückhalten, in Einem fort, würde die Wirkung jedes Unterrichts ganz aufheben, und der Soldat dadurch, wie er es nennt, nur geschoren werden. Jeder Vortrag muß vielmehr: zu seiner Zeit, gründlich, populär, kurz, bündig, faßlich, verständlich und unterrichtend sein, am besten in der Sprache des Soldaten abgehalten werden, und nicht zu oft stattfinden. Nach Uebungen und Märschen aber, wo die Leute erschöpft sind, darf niemals Unterricht gehalten werden, da derselbe, auch in Kernsprüchen ertheilt, doch ohne alle Folgen wäre. Ueberhaupt muß bei den Leuten alle Theilnahme, Lust und Interesse für die Empfangnahme von Belehrungen aller Art erweckt und erhalten werden, denn bei

Widerwillen gegen dieselben würden sie das, was sie weiter führen und höher stellen soll, nur für Zeitverlust, Plage und Qual halten.

Sehr oft liegt es nur an der fehlenden Instruction, wenn in den Soldaten auch ihre Nation mit kompromittirt, oder der Grad ihrer Gesittung falsch beurtheilt wird. Die Gegenstände der Belehrungen erstrecken sich daher über alle Verhältnisse, sobald solche den Leuten als neu erscheinen und über alles Vorkommende, damit sie nie dem Ungefähr Preis gegeben werden, sich vielmehr in jedem möglichen Falle zu benehmen und möglichst selbst zu helfen vermögen. Sie umfassen nicht bloß den Dienst in allen seinen Zweigen zur genauesten Kenntniß und Befolgung desselben, sondern auch den ganzen Beruf, die Gesundheit, Wohlfahrt, das Verhalten, Benehmen rc. des Soldaten in den mannigfaltigsten Fällen des kriegerischen Lebens vom Ausmarsche an bis zur Benutzung des Sieges, die geschickte Anlage eines Bivackfeuers, die Bereitung einer kräftigen Suppe rc. mit begriffen.

„Ein großer Fehler ist es, den Soldaten für jeden einzelnen Fall des Dienstes, erst vor Antritt desselben, zu unterrichten; ein noch größerer aber der, wenn dem Soldaten noch eingeprägt würde, welche Strafe ihn treffen könnte, wenn er diesen oder jenen Fehler dabei machte."

Die Persönlichkeit des Lehrers, sein Geist und seine Fähigkeiten, so wie die Art und Zweckmäßigkeit des Vortrags selbst, für welchen auch dem gründlichsten Lehrer sich einigermaßen vorher vorzubereiten anzurathen ist, sind, neben der Gabe einer deutlichen Darstellung, die besten Förderungsmittel des Unterrichts.

Die unendliche Zuversicht, welche der Soldat in seinen Führer gewinnt, läßt ihm auch keinen Zweifel übrig, daß alles das, was ihm der Offizier durch Worte der Belehrung gesagt und deutlich gemacht hat, sich wirklich so verhalte, wahr sei, und zu seinem Besten gereiche, und daß der Offizier das, was er von ihm fordert, auch jederzeit durch die That beweisen würde, welches alsdann das Bestreben der Nacheiferung zur Folge hat. Ebenso hat es der Soldat gern, wenn sein Offizier in Allem, was er ihn lehrt, selbst Meister ist, denn was er nicht selbst weiß, kann er auch nicht auszuführen befehlen. Dieses muß auch von Dienst wegen von dem Offiziere gefordert werden, damit er dadurch selbst wisse, was sich leisten läßt. So wie der gemeine deutsche Mann überhaupt sehr vielen inwohnenden gesunden Sinn besitzt, so hat auch der Soldat ein äußerst richtiges und scharfes Urtheil über seinen Vorgesetzten, und häufig eine Erstaunen erregende Naturphilosophie. „Jeder Vorgesetzte ist der Kritik seiner Untergebenen unterworfen; diese finden jede seiner Schwächen scharf heraus, denn Vieler Augen erforschen den Einzelnen bald."

Durch allen Unterricht soll etwas Bleibendes, Ueberzeugendes in die Leute gebracht, in ihnen eine innere Tüchtigkeit erzeugt werden, damit sie selbst zu denken, und selbstständig zu handeln vermögen, so wie durch alle Uebungen eine schnelle und feste körperliche Gewandheit erzielt wird. Was würde auch aus den zur Reserve, zur Landwehr, besonders nach kurzer Dienstzeit, Abgehenden werden, wenn ihnen nicht alles das, was ihnen beigebracht, auch zu eigen gemacht worden wäre?

Anlage zur Selbstständigkeit, diesem eigentlichen und höchsten Ziele der kriegerischen Ausbildung, besitzt der Deutsche ebensoviel, als der selbstsüchtige Franzose, der sie vorzugsweise nur allein zu besitzen sich rühmt, und dem Deutschen ganz abspricht;*) sie muß nur früh genug entwickelt, und fortwährend ausgebildet werden, da der Mensch grade hierin nie auslernt, und alsdann genießt der besonnene Deutsche vor dem flüchtigen und ungeduldigen Franzosen große Vorzüge, weil er viel überlegter handelt, gründlicher in allem Thun ist, und sich bei seiner Selbstständigkeit und diesen Vorzügen doch noch gern in den Schranken des Gesetzes bewegt.

Der höchst möglichste Grad von selbstständiger Ausbildung ist zwar allen Leuten zu wünschen, denjenigen aber, welche nicht in Masse fechten, ist derselbe unerläßlich. Die Vorbildung dazu ist bereits mehr oder minder vorhanden, und es kommt nur darauf noch an, solche mehr zu befestigen, sie nach zweckmäßigen Prinzipien zu leiten, und weiter zu führen, damit sie der Soldat nach längerer Dienstzeit, und im freien Felde in hinreichendem Maaße besitze, und zu allen Anforderungen geschickt werde. Der Weg dahin ist zwar ein mühsamer, und fordert von Seiten des Lehrers eine unermüdete Geduld, dagegen ist auch das glücklich erreichte Resultat die ehrendste aller seiner Pflichterfüllungen.

Zur Erreichung dieses Zieles muß man dem Manne oft und viel Gelegenheit geben: sich zu zeigen, etwas auszuführen, seine Ansichten zu erweitern, sein Nachdenken zu erwecken, und seine Fähigkeiten zu entwickeln; bei allen ihm zu gebenden Aufträgen diese bestimmt und deutlich stellen, damit er nicht im Dunkeln bleibe, nicht die Schuld hievon auf sich beziehe, und dadurch das Vertrauen zu sich selbst verliere; nur fordern, was er auszuführen vermag; jede seiner Hand-

---

*) Oeffentliche Aeußerung von der Tribüne der französischen Deputirtenkammer im Jahre 1841, alle Wohlanständigkeit, die Völker einander schuldig sind, verletzend, um dem Egoismus zu fröhnen.

lungen prüfen, die Gründe dafür und dagegen angeben, und seine auch abweichende Meinung gelten lassen, sobald er sie nur mit Gründen belegen kann; ihn für jede verständig ausgeführte Verrichtung beloben, und hierdurch aufmuntern; bei unrichtiger Ausführung ihn überzeugen, daß, und weshalb er gefehlt habe, dabei seine falschen Voraussetzungen berichtigen, die Ausführung aber, wenn sie anzuerkennen ist, billigen; seinen Eifer beloben, wenn es auch oft unter begründetem Tadel geschehen muß; als Lehrer weder Hitze noch Uebereilung zeigen, und keine bittern Verweise ertheilen, die den Mann nur einschüchtern, und das erwachende Selbstgefühl verletzen; vielmehr nur belehren und berichtigen; und tadeln nur das, was ohne allen Grund unternommen ist.

Hierdurch wird der Trieb zum Selbsthandeln, zur Selbstthätigkeit, belebt, in dessen Folge der Mann sich viel nützlicher machen kann, wenn er bei Ausführung derjenigen Befehle, wobei ihm die Wahl und Mittel überlassen werden, bei solchen, die nur eine bloße Anweisung sind, etwas unter gewissen Umständen nach eigener Ansicht auszuführen, oder endlich in den tausendfachen Fällen außer der Regel im Kriege, wie sie der Zufall wider alle Voraussicht, gegen alle Vorherberechnungen in jedem Augenblicke herbeiführt, sich sicher und gut zu benehmen versteht, und nicht für jede Kleinigkeit erst Befehle abwartet. „Eine maschinenmäßige Abrichtung wird stets nutzlos, sobald der regelmäßige Gang aufhört, und durch unvorhergesehene Fälle unterbrochen oder gestört wird,“ im Kriege gestaltet sich aber alles wider Erwarten nur zu oft ganz anders, als man erwarten konnte.

Bei der Sicherheit im Selbsthandeln wird das Selbstvertrauen erweckt und bestärkt, das wieder das Bewußtsein der eigenen Tüchtigkeit erzeugt.

Der Werth der Selbstständigkeit eines Soldaten wird aber sehr herabgesetzt, wenn derselbe zu sehr überlegt handelt, und nicht auch an schnelles Auffassen, gewandtes und augenblickliches Ausführen gewöhnt ist. „Die Langsamkeit, welche zu viel überlegt, zu viele, oder gar keine Beschlüsse faßt, mit der Ausführung zögert, und den richtigen Augenblick dazu unbenutzt vorübergehen läßt, um zu oft Schmach und Verderben zu bringen," ist der größte Fehler eines Feldsoldaten, und macht ihn bei allen sonstigen Vorzügen dazu unbrauchbar. Wenn aber der Führer selbst mit dieser unglücklichen Eigenschaft begabt wäre, so würde er dadurch jede Ausführung lähmen, seine Untergebenen nur martern, peinigen, und ermüden, allen Geist in ihnen ertödten, und daher ein Schrekken für sie sein, die bei jeder Gelegenheit auch meist noch aufgeopfert werden würden.

Daher muß schon bei der Ausbildung im Frieden daran gedacht werden, den Dienst nicht bloß auf bestimmte Punkte zu lenken. Bei den Unterweisungen müssen die Leute, außer zur steten Aufmerksamkeit, zum verständlichen Reden, deutlichem Ausdrücken, — worin die Deutschen in Folge ihrer mangelhaften Schulmethode von Jugend an zurück sind, was sie im Leben mehrentheils sehr befangen macht — zum bestimmten Antwortgeben, Rapportiren, Melden, und zu einer klaren Darstellung, auch noch zu einer schnellen und doch gründlichen Auffassung eines gegebenen Befehls oder Auftrags, zum richtigen Sehen und Beurtheilen, zur besonnenen Ueberlegung desselben, besonders aber zu einem raschen Entschlusse, zum Ergreifen der zweckdienlichen Maaßregeln, und zum entschlossenen Handeln in der Ausführung gewöhnt werden. Hierdurch werden die Leute am Meisten dahin geführt, sich unter allen Verhältnissen und Umständen jederzeit selbst helfen zu können. —

Ueber alle Dienstzweige giebt es zwar geschrebene und gedruckte Anweisungen gegenwärtig genug, um sie etwa den Unteroffizieren, die bis dahin hinreichend geschickt varen, oft wiederholte abgeschlossene Vorträge über völlig bekamte Gegenstände abzuhalten, zu Vorlesungen an die Gemeinen in die Hände zu geben; das Vor- und Ablesen von Denstinstruktionen bringt aber sehr wenigen Nutzen, denn nur der freie Vortrag nützt, bei dem man den Soldaten ins Auge faßt! und da auch den Unteroffizieren nach dem Ausmarsche viele Verhältnisse meist ganz fremd, sie daher nicht im Stande sind, den die Instruktionen erläuternden Offizier zu ersetzen: so bleibt nichts übrig, als die meisten Vorträge selbst abzuhalten. Dagegen kann den Unteroffizieren der Vortrag über ihnen ganz bekannte dienstliche Gegenstände wohl überlassen werden, so wie auch durch sie jeder vom Offiziere ertheilte, oder der zuletzt abgehaltene Unterricht für die damals Abwesenden durch Fragen wiederholt werden kann, um sich zu überzeugen, ob derselbe haften geblieben, oder verstanden worden ist, wobei jedoch die Antworten nur rach der Auffassung von den Leuten ertheilt, und daher nienals in künstlichen Redensarten gefordert werden dürfen.

Das militärische Unterrichten ist überhaupt nicht schwer, wenn nur die Lehrer geduldig sind, ihren Vortrag rach dem sich allmälig entwickelten Fassungsvermögen der Zuhörer einrichten, und nicht verschiedene Gegenstände auf einma abhandeln. Auf Seiten der letztern wird nur Aufmerksankeit gefordert, und diese kann auch in den beschränktesten Köpfen erweckt werden, wenn nur der Vortrag ihre Einsiht nicht übersteigt.

Alle Leute auf eine solche hohe Stufe der Ausbildung zu bringen, daß man sich auf jeden gleich verlassen kann, wird nie gelingen, weil es unmöglich ist, denn bei Subjekten ohne Anlagen kann auch der beste Unterricht nicht Anlagen hervorbringen und entwickeln. Es gewährt aber schon Trost, Beruhigung und Belohnung für den Vorgesetzten, in die Mehrzahl der Mannschaft Bildungsstoff eingebracht, sie bei der fortschreitenden Ausbildung mehr und mehr erhoben, und in sie einen Geist gepflanzt zu haben, um durch denselben auch die Minderbegabten fortzubringen.

Belehrungen und ein gründlicher Unterricht bewirken in dem Menschen Ueberzeugung, diese schließt aber allen Zwang aus, und diese Ueberzeugung muß als das höchste zu erstrebende Ziel zu erreichen gesucht werden! Wo Zwang herrscht, wird der Dienst weder mit gutem Willen, noch mit Lust und Liebe vollzogen, und alsdann ist von einem Menschen nicht viel zu erwarten, der zu Allem angetrieben und beständig nach seinem Vorgesetzten schauend, nur das thut, was er thun muß, was ihm geheißen wird.

Im Kriege lassen sich alle andern Gegenstände leichter, als der Mensch ersetzen, daher diesem vor Allem der Vorzug gegeben, seiner Ausbildung aller Fleiß gewidmet werden muß. Deswegen darf das Aeußere und in die Augen Fallende der Truppe, das, ist es einnehmend und militärisch, in vieler Hinsicht, besonders im feindlichen Lande, einen vortheilhaften Eindruck erzeugt, als ebenfalls nothwendig und nicht zu versäumend, um so weniger vernachlässigt werden, als man leider im gemeinen Leben die Truppen meist nur nach dem äußern Ansehen taxirt, und erst von dem äußern Glanze derselben den Schluß auf ihren innern Werth zieht, indem man annimmt, daß alsdann auf die noch viel wesentlicheren Gegenstände eine noch viel größere Sorgfalt verwendet worden sein möge.

Die Erhebung des geistigen Prinzips im Menschen bildet die Grundlage zu Allem: „wo die belebende Kraft des Innern fehlt oder erloschen ist, erstarren auch die Glieder.“ Durch den Menschen und mit ihm läßt sich Alles machen und erreichen, ist der Einzelne aber vernachlässigt, so taugt das Ganze wenig, oder hat nur untergeordneten, vorübergehenden Werth!

Hiergegen kann man freilich einwenden, daß dennoch Viele durchgekommen sind, und auch künftig durchkommen und bestehen werden, ohne auf den Menschen die hier angedeutete Mühe gewandt zu haben. Aber Fälle dieser Art dürfen nur als Ausnahme gelten. Entweder wurden Jene durch besondere Glücksumstände begünstigt, oder die Persönlichkeit des Kommandeurs bedeckte die Mängel, und wog Alles auf, so daß ein Anderer, ohne gleiche Gunst des Glücks, und ohne solche Eigenschaften, durchgefallen wäre.

Reden und Anreden.

Mit dem Soldaten soll man die Sprache des gemeinen Lebens, die sie von Jugend auf gewohnt sind, sprechen, weil man in derselben am Besten von ihnen verstanden wird. Diejenigen Feldherrn, welche am Meisten auf die Soldaten einwirkten, haben ihre Sprache geredet, und ein einziges Wort von ihnen genügte, sie zu enthusiasmiren.

Lange, allzu erbauliche, salbungsreiche Reden und Proklamationen sind bei dem deutschen Soldaten eben so wenig, als im französischen Styl gehaltene, angebracht, denn der Deutsche liebt mehr die Sprache des Herzens zum Herzen. Dagegen sind bei besondern Ereignissen einige wohlangebrachte belehrende, erhebende, ermuthigende, Begeisterung erweckende, das Selbstgefühl der Soldaten hervorrufende, ihre Gemüthsstimmung steigernde, oder an ihre Pflichten, an eine vollständigere Erfüllung derselben, und an das in sie gesetzte Vertrauen erinnernde, oder überhaup nach den obwaltenden Umständen eingerichtete Worte ꝛc. mit äner gewissen Feierlichkeit an sie gerichtet, als ein vorzügliches Mttel der Förderung des Willens stets von Wirkung gewesen, und dürfen deshalb nicht verabsäumt werden.

Dahin gehören: die Gelegenheiten beim Ausmarsche aus der Garnison, beim Ueberschreiten der Grenze des Vaterlandes, der feindlichen Grenze ꝛc. Die Anreden hiebei müssen sich beziehen theils auf die zu beobachtende Disciplin und Mannszucht, mit der Aufforderung, sich hierin guten Ruf zu erwerben und zu erhalten, theils auf die Wiederkehr ins Vaterland und zu den Ihrigen: bewährt, gesund, geachtet, und selbst vom Feinde geehrt.

Mit inniger Liebe umfaßt der Deutsche sein Heimathland; bei den Worten: Heimath, Vaterland! werden daher auch stets die heiligsten Erinnerungen und die edelsten Gefühle in den Soldaten erweckt, für welche sie Gut und Blut gern und freudig daran setzen.

Den momentan an Kräften erschöpften Soldaten dürfen niemals Reden gehalten werden, da sie, wie begreiflich, nur ihre Qual erhöhen; soll der erschöpfte Soldat aber plötzlich ins Gefecht gehen, so sind einige kräftige anregende Worte an ihrem Platze, die aber keine Drohungen enthalten dürfen, sondern sich auf Ordnung, Muth, Tapferkeit, frühere Siege ꝛc. beziehen müssen.

Religion.

Schon die ältesten Kriegsgesetze empfehlen und gebieten Achtung gegen Religion und Gottesdienst jeder Art.

Der Soldat soll von religiösen Gefühlen durchdrungen sein, in dem Glauben seiner Jugend erhalten werden, und dem Offiziere liegt es ob, durch Wort und Beispiel auf die Religiosität zu wirken.

Religiöse Ueberzeugungen prägen besonders das Pflichtgefühl schärfer aus, so daß sich dieses auch unter schwierigen Umständen wirksamer zeigt. Ein ächt christlicher Sinn ziert den Menschen in allen Verhältnissen, und ist dem Soldaten um so mehr nothwendig, als grade er bei den vielen Entbehrungen, Entsagungen, Duldung und Ausdauer in Gefahren, die größte Stütze im religiösen Sinne finden wird.

Bei den verschiedenen Konfessionen in den deutschen Heeren ist die größte religiöse Eintracht in jeder Hinsicht zu erhalten, und jede unbedachte Aeußerung über religiöse Gegenstände, oder auch nur Gebräuche, nie zu dulden! Zum Kirchengehen ist der Soldat nie zu zwingen, wohl aber dazu anzuregen.

Dem dreisten, kecken Aussehen und Auftreten des Soldaten tritt alles demüthige Wesen hinderlich entgegen, das ihn seines unbefangenen Naturells beraubt; diesem sowohl, wie allem Kopfhängen muß daher entschieden entgegen getreten, und der Soldat davor bewahrt werden.

Den Soldaten mit leerem Magen zum Gebete heran treten zu lassen, ist bedenklich, und ihm den verdienten Schlaf zu verkürzen, um desto sicherer noch vor dem Aufbruche aus dem Bivack Zeit zum Morgengebete zu gewinnen, ist schädlich. Dennoch ist aber das religiöse Gefühl des Soldaten zu pflegen, denn ohne Religiosität würde eine Armee sehr bald zerfallen!

Disciplin und Mannszucht.

Die genaue Kenntniß aller Obliegenheiten und Pflichten; die der militärischen Tugenden und des Verhaltens des Soldaten unter allen möglichen Umständen; die strenge Beaufsichtigung in deren pünktlichen Befolgung und Ausübung durch die Vorgesetzten; die dadurch hervorgebrachte Angewöhnung in dem Grade, daß solche ohne Verletzung oder Vernachlässigung dem Soldaten zur Gewohnheit und zum Bedürfnisse werden; und endlich der schnelle und unbedingte Gehorsam zur Ausführung aller Befehle, der nicht der Gegenwart der Vorgesetzten bedarf: erzeugen die Disciplin, oder jene nothwendige Ordnung und Pünktlichkeit des Dienstes, und seiner Verhältnisse, welche die Basis alles militärischen Wesens, Lebens, Treibens und Handelns ausmacht, die, wenn sie einem Truppentheile zur Ueberzeugung und eigen geworden ist, denselben erst zu einem wohlgeordneten Ganzen verbindet, dieses zu allen Unternehmungen geschickt und brauchbar macht, ihm mehrentheils den besten Erfolg sichert, und daher Ruf, Achtung und Ruhm erwirbt, und die endlich jedem Einzelnen längst nach seiner Entlassung noch in seiner Häuslichkeit Nutzen bringt.

Die Disciplin bildet demnach den wichtigsten Grundpfeiler der militärischen Verfassung, und kann nur durch tüchtige Vorgesetzte erhalten werden. Ihr Zweck ist die Ausführung des Gesetzes, und ihre Grundlage besteht in der Erforschung und Kenntniß der Untergebenen. „Ein jeder tüchtige Offizier und Unteroffizier soll aus seinem Gedächtnsse seine Leute namentlich aufzurufen, und von jedem Manne eime genaue Charakteristik als Soldat mitzutheilen wissen Denn es ist von der größten Wichtigkeit, jeden Mann m.t seinem Namen nennen, und ihm öffentlich beweisen zu können, daß man ihn wohl kennt, und nicht aus den Augen verlorem hat.“ Durch die Hochachtung aber, welche der Kommardeur genießt, gelangen die Gesetze der Disciplin am besten zur unumschränkten Herrschaft.

Ohne Disciplin kann keine Armee, weder im Frieden, noch weniger im Kriege, bestehen. In diesem ist sie besonders unerläßlich, und erzeugt insbesondere bei Widerwirtigkeiten und Unfällen die bewundernswerthesten Resultate. Es ist die eingewohnte Ordnung, die man aus den Beschreibungen nach verlornen Gefechten, bei Rückzügen, wo sie besonders nöthig ist, so freudig wahrnimmt, durch welche die Schwachen, Zaghaften, Niedergeschlagenen und Hoffnungslosen ermuthigt, das allgemeine Selbstvertrauen erhalten, dem Feinde Achtung und Respekt eingeflößt, und auch dem thätigsten Gegner Fesseln angelegt werden, durch die endlich de feste Muth erwächst, es gelegentlich dem Feinde entgelten zu lassen, und welche die Nachkommen noch mit Bewunderung erfüllt und sie zur Nacheiferung bestimmt!

Gute Führung, Gehorsam und strenge Mannszucht sind die schönsten Zierden des Soldaten, und bezeichnen stets den ächten wahren Krieger, der immer gleiche Mäßigung in den Forderungen, und eine schonende milde Behandlung der Einwohner zeigt, für deren Achtung, auch im feindlichen Lande, ihm nicht früh genug Sinn eingeflößt werden muß.

Das schwere Amt der Führung der Disciplin und Mannszucht wird den Offizieren durch ehrenwerthe Unteroffiziere, durch ehrliebende alte, und durch gut instruirte junge Soldaten erleichtert, die den übrigen noch jüngern, oder noch schwankenden zum Muster dienen. Der Soldat muß von Hause aus einer strengen Disciplin unterworfen werden, und mit den für die Mannszucht gegebenen Bestimmungen genau bekannt sein. Beide sind unnachsichtig zu handhaben, denn ein Nachlassen führt immer zuerst zur Unordnung und leichten Excessen, welchen Frechheit und schwere Verbrechen bald nachfolgen.

Auch bei den am besten disciplinirten Truppen giebt es immer Einige — und diese Klasse muß mit sehr großer Strenge behandelt werden — denen jede Ordnung zuwider ist, die nur auf eine Gelegenheit warten, ihrem Hange zu fröhnen. Sehr bald verführen sie Andere, und da es in der menschlichen Natur liegt, daß das Böse mehr anzieht als das Gute, so greift das Uebel immer weiter um sich, und sehr oft wird es dann zu schwer, es aufzuhalten: daher darf die einmal bestehende Ordnung auch nicht auf einen Augenblick suspendirt werden.

Sehr erhebend ist es, einer Armee anzugehören, deren Truppen sich jederzeit durch ächten militärischen Geist und gute Disciplin auszeichneten, niemals ausschweifend oder ausgeartet waren, vielmehr stets das Lob einer strengen Mannszucht für sich hatten, und welchen Meuterei oder Aufruhr beständig fremd blieben, deren Achtung daher bei der Mit- und Nachwelt gesichert ist. Da ein solcher Ruhm nicht leicht erworben und bewahrt werden kann, so darf dasjenige Heer, welches ihn für sich hat, auch allerdings stolz auf denselben sein. Traditionen dieser Art sind, wie alle wichtigen Ereignisse und ruhmwürdigen Thaten der Vorfahren sehr wichtig, und müssen zur Kenntniß der Soldaten gelangen, denn der alt gewonnene Ruhm mag ihnen immer als ein theuer erworbenes Kleinod vorgehalten werden, damit sie ihren Vorfahren nacheifern, und den guten Ruf ihres Heeres und ihrer Nation bewahren!

Wer dagegen diesen Ruhm nicht für sich, oder nicht in diesem Grade besitzt, mag sich bestreben, ihn zu verdienen; die jetzige allgemeine Gesittung fordert dieses. In den Napoleonischen Kriegen brachten sich die Contingente einiger deutschen Staaten durch boshafte Grausamkeiten, arge Mißhandlung, und herzlose Bedrückung der feindlichen Einwohner in üblen Ruf. Solche Rohheiten und Gräuel würden einen nicht leicht zu vertilgenden Schandflecken auf die Volksstämme selbst zurück werfen, aus welchen jene Truppen stammten, wenn es nicht erwiesen wäre, daß gewisse französische Generale den letzteren solche Unbilden auszuüben gelehrt hätten. Verirrungen dieser Art finden sich bei den Franzosen häufig vor, und auch die nächste Zukunft läßt solche befürchten, denn der gegenwärtige Afrikanische Krieg ist keine gute Schule für die Franzosen. „Wenn in den Razzia's Raub und Plünderung als etwas bezeichnet werden, wodurch die Soldaten die Hoffnungen des Landes erfüllen, und sich um dasselbe verdient machen können," so demoralisiren solche Lehren und ihre vieljährige Ausübung eine Armee auf lange Zeit.

Das gute Gemüth des Deutschen gestattet ihm überdem nicht, sich von der Mäßigung und der Menschlichkeit zu entfernen, auch ist die jetzige Generation, die sich überall durch gute ruhige Gesinnung auszeichnet, jenen gerügten Ausartuhgen völlig fremd. Diesem kommt noch das allgemeine Streben nach geistiger Fortbildung, und der gegenwärtig weit verbreitete sorgfältige Schulunterricht zu Hülfe, der den Menschen aufgeklärter und gesitteter macht, „denn es ist kein Land auf Erden, welches mehr Wissen und gründliche Kenntnisse in sich vereinigte, als Deutschland, und kein Volk, welches von oben bis unten einer so vielseitigen allgemein verbreiteten Bildung sich rühmen könnte." Außerdem zeichnen sich die Deutschen vor vielen Völkern durch Gehorsam besonders vortheilhaft aus, durch diesen aber unterwerfen sie sich um so leichter den Gesetzen der Disciplin und Mannszucht. Es bedarf daher nur einer strengen Ueberwachung der gegebenen Bestimmungen, um deutsche Soldaten vor allen Abwegen und Ausartungen für die Zukunft zu bewahren, kommen solche aber noch vor: so liegt die Schuld nur an den Führern und ihren Befehlen, oder ihrer unzeitigen strafbaren Nachsicht. —

Ein Verfall der Kriegszucht wird überhaupt immer nur allmälig, niemals auf einmal, bewirkt. Früher thaten sich die Folgen des Mangels an Disciplin jedesmal durch Desertionen kund. Die Schuld hievon liegt zunächst an den Vorgesetzten selbst.

Wird den Leuten mehr Zeit zum Müssiggehen gegeben, als zu ihrer Erholung nothwendig ist, so erhalten sie dadurch Zeit zu Abwegen und dummen Streichen, denn: „die Langeweile ist eine Seelenkrankheit, bei der man, um sie zu verscheuchen, oft zu schädlichen Beschäftigungen greift." Eine dauernde Unthätigkeit erzeugt aber stets Demoralisation.

Die Offiziere müssen oft, viel und überall bei den Leuten zugegen, nicht immer separirt, und für sich, nicht zu oft abwesend sein; denn ihre Abwesenheit erzeugt stets Unordnung. Thun sie das, so werden sie auch Alles selbst sehen, erfahren und übersehen, und bedürfen daher keiner Zuträger, die überhaupt kein guter Offizier dulden darf, und welche, wie die

Lieblinge und Auserkornen nur dazu dienen würden, ihr Ansehen zu schmälern: die eigene Thätigkeit ist stets der beste und einzige Hüter der Truppen!

Werden Vergehen nicht sogleich angemessen bestraft, so wiederholen sie sich sehr bald, oft schon in demselben Individuum; denn meist ist der zu wenig, saumselig oder gar nicht Bestrafte zur Wiederholung des Vergehens geneigt.

Alle Befehle müssen genau und mit Einsicht erwogen werden. Werden sie alsdann auch noch in kurzem festen Tone, und mit Unbeugsamkeit in Bezug auf ihre Ausführung ertheilt, so werden sie auch stets pünktlich und schnell befolgt werden.

Ein stetes Nachgeben der Obern bestärkt den Soldaten in seinem Hange zur Indisciplin, so wie Nachsicht alle Uebel befördert. Beständige Drohungen und keine Strafen haben nicht nur keinen Erfolg, sondern erzeugen auch Verspottung; eine überflüssige Milde führt aber zur Nichtachtung und Verachtung. Beständiges Annehmen von Entschuldigungen würdigt den Vorgesetzten herab, so wie eine zu große Strenge zum Hasse führt.

Ein Mißbrauch der Autorität erzeugt zuerst Abneigung, sodann Haß in den Herzen der Soldaten, der sich gelegentlich zeigt, und dessen Folgen nicht zu berechnen sind; übertriebene Anforderungen aber erzeugen Verzweiflung.

Bei vorher schlecht kommandirt gewesenen, oder von schlechtem Geiste beseelten, von der Langenweile geplagten Truppen steigern sich diese Wirkungen noch höher. Wenn die Truppen an sehr strenge Ordnung gewöhnt waren, so wollen sie solche auch ferner; und ein neuer sehr milder Kommandeur führt dadurch eine ebenso große Störung in die bisherige Disciplin herbei, als umgekehrt.

Da die Untergebenen beständig Einfluß auf den Vorgesetzten zu erlangen streben, so muß Letzterer stets sehr fest und unabhängig zu verbleiben suchen, sich auch niemals schwach zeigen, um dadurch etwa ihre Liebe zu verdienen, und in seiner Freundschaft nie freigebig sein. Vertrauliche Verhältnisse mit Untergebenen fordern stets einen starken festen Charakter! Die Annäherung der Vertrauten darf den Vorgesetzten niemals zur Enthüllung einer Blöße verleiten; er darf sich niemals eines Vergessens seiner selbst schuldig machen: sonst würde Mangel an Achtung die unmittelbare Folge davon sein.

Zu diesen Fehlern der Vorgesetzten gesellen sich noch andere, die den Verfall der Kriegszucht nach sich ziehen, als: ausschweifender Luxus und Lebensart der Vorgesetzten selbst, weil das Beispiel von oben herab am Meisten wirkt; die Sittenverderbniß und Zügellosigkeit der Gemeinen; und endlich, daß der Soldat durch hartnäckigen Widerstand, oder durch die Last ausgestandener Beschwerden erbittert, alle Kriegszucht vergißt 2c.

„Die Beschützung des Schwachen ist Vorrecht und Pflicht des Starken!" Das Zulassen des Marterns des Landvolks zeigt daher stets geringe Disciplin, schlechten militärischen Geist, der in der Truppe wohnt, und sie brandmarkt, und gänzlichen Verfall der Kriegszucht an. Uebertriebene Anforderungen, eigene Requisitionen, Erpressungen 2c. erzeugen Verzweiflung bei den Einwohnern, die sich dann selbst Hülfe schaffen, wobei die Erbitterung steigt, und da der Soldat doch die Oberhand behält, der Krieg in Grausamkeiten ausartet. „Das Dulden, Nachsehen, oder gar Autorisiren solcher Gräuel, so wie die Vertheidigung derselben durch die Vorgesetzten, als ein nothwendiges Uebel, macht der Krieg zum allerschlimmsten Uebel, zur Geißel der Menschheit."

Schon allein um der Disciplin willen muß das Alles auf Tod und Leben verpönt sein, ganz abgesehen vom moralischen und menschlichen Gesichtspunkte.

So wie gute Offiziere bald gute Truppen ausbilden können, so verfallen oder entarten im umgekehrten Falle die besten Truppen, weil der Obere auf den Untern stets so großen Einfluß ausübt, und hiebei kommt es nicht blos auf den alleinigen Einfluß des Kommandeurs, sondern auf jeden einzelnen Vorgesetzten, auf Alle insgesammt an.

Bei der Beurtheilung und Bestrafung solcher Vergehen und Verbrechen ist die goldene Mittelstraße nicht zu übersehen. Es gilt: zuerst den Zweck, um den es sich handelt, nie aus den Augen zu setzen, den Menschen, den man vor sich hat, aber auch nicht; alsdann Gesetz und Recht als Leitsterne vor sich, und demnächst: Strenge ohne Tirannei, und Milde ohne Schwäche!

Weil der Offizier alles Lob und allen Ruhm für seine Untergebenen einerndtet, weil er für sie verantwortlich ist, muß er auch den ganzen Tadel für sie einnehmen, er mag nun unmittelbar oder mittelbar an dem Verfalle der Zucht Schuld haben: unter allen Umständen ist nur der Führer zur Rechenschaft zu ziehen, alle und jede Verantwortlichkeit kann und muß *nur ihn* unnachsichtlich treffen.

Oft kommen freilich derartige Vergehen auf Rechnung des Soldaten, die er nicht begangen hatte; wenn aber Soldaten daran Theil genommen haben, so sind es allezeit die Feigsten gewesen, denn niemals erniedrigt sich der brave wahre Krieger zum Räuber! Dahin gehören die Erpressungen des Gesindes, das unter den verschiedenartigsten Benennungen in großen Schaaren die Napoleonischen Armeen begleitete. Oft ahnt der Offizier selbst nicht, daß es seine Bedienung ist, die ihm und dem Kommando Schande macht. Die Domestikenkorps, die sich auf Kosten des Soldaten mästen, sind daher in Schranken zu halten. Ebenso ist über die Nachzügler gehörige Aufsicht unerläßlich, die sie hindert, eigene Industrie zu treiben, durch welche große Unordnungen erzeugt werden, doch muß aber auch für das gehörige Fortkommen derselben gesorgt sein.

Das Dulden eines großen Trosses ladet zum überflüssigen Gepäck, und auch wohl zum Beutemachen ein. Zuviel, und unnöthiges Gepäck ist dem Soldaten beschwerlich, und ein Visitiren der Tornister, Mantelsäcke und Fahrzeuge ist zu Zeiten, ganz unverhofft gehalten, von guten Folgen. Alles, was nicht dahin gehört, muß ohne Ausnahme und Nachsicht entfernt und vernichtet werden, sonst schleppt sich der Soldat mit unnützen Dingen herum, und da die Lockungen nach Beute groß sind, hält er nicht mehr reine Hände. Ebenso nöthig ist es, nach geschehenen Fouragirungen nachzusehen, ob nicht außer den befohlenen, auch noch andere, in den meisten Fällen sehr werthlose, Gegenstände mitgebracht worden sind, die fast immer gestohlen werden. Solche grobe Vergehen müssen stets mit der größten Strenge bestraft werden. Ein Dieb entehrt sich, und darf daher kein Mitleiden finden.

„Truppen, die lange der Ruhe gepflegt haben, lassen sich nur mit Mühe vom Müssiggange, und von andern Vergnügungen trennen; ohne strenge Zucht fallen sie leicht in Ausschweifungen, und leiden dann doppelt, wenn sie entbehren müssen. Solche Soldaten scheuen weniger die Gefahr, als die Beschwerden des Krieges, und die Entbehrungen werden ihnen durch die Erinnerung an das genossene Wohlleben unerträglich.“

In den Städten nehmen die Soldaten die Sittenverderbniß derselben leicht an, und tragen zu deren Verbreitung unter sich bei; aber auch sehr zerstreut kantonirende Truppen kommen, wenn sie nicht hinreichend beaufsichtigt und beschäftigt werden können, mit der Zeit im Dienste, in der Bildung und Sitte sehr zurück.

Die Neigung Einzelner zur Ausschweifung, Trinksucht, zum Spielen, zur Schlägerei, zu Excessen und andern dergleichen Feinden der Disciplin muß auf das wirksamste beherrscht, und gedämpft, und eine strenge Aufsicht auf Tabagien, Herbergen, Gastwirthschaften und Spielhäuser gehalten werden, wobei es sich von selbst versteht, daß solche Quartiere nur mit auserwählten Leuten zu belegen sind, die jedoch auch nie zu lange in denselben gelassen werden dürfen, weil auch die festesten Charaktere bei dieser Art zu wohnen, mit der Zeit unterliegen, der Disciplin entfremden, und leicht zu Ausschweifungen und Excessen hingerissen werden.

Durch zur rechten Zeit angebrachte Strenge ist schon oft Unruhe und Aufruhr im Entstehen erstickt worden. Alsdann ist überhaupt nur die Entschlossenheit des Befehlshabers im Stande, die Truppen vom Verderben zu retten, und den alten guten Geist wieder zu erwecken: Unentschlossenheit richtet den Führer unrettbar zu Grunde!

Eine feste moralische Grundlage, gute militärische Erziehung und Ausbildung, ein beständiges Wachen des Vorgesetzten über seine Untergebenen, und fortwährende Beschäftigung derselben ꝛc. sichern die Soldaten vor Verwilderung.

Nur durch gute Kriegszucht haben berühmte Männer mehrfach die Welt bezwungen, und bewundernswerthe Thaten verrichtet. Wo sie erschlaffte, ging auch jedesmal die erworbene Herrschaft wieder dahin, denn: „da, wo der Geist der Disciplin und Ordnung entflohen oder gar nicht vorhanden ist, kann die Truppe auch niemals einem tüchtigen Angriffe Widerstand leisten!"

Früher waren Hunger, Pest und Entvölkerungen ganzer Landstriche stete Begleiter der Kriege, oder folgten diesen doch nach. Seitdem die Kriegszucht besser geworden ist, sind jene Uebel entweder ausgeblieben, oder viel milder geworden.

Durch stete strenge Festhaltung der Disciplin und Mannszucht soll aber niemals eine volle Unterdrückung alles jugendlichen Lebensmuthes des Menschen bewirkt werden, denn die Folgen hievon äußern sich höchst nachtheilig: die Mannszucht muß vielmehr frei von aller knechtischen Beimischung sein, und darf niemals niederschlagend auf die Gemüther wirken!

Durch Gerechtigkeit gegen die Einwohner gewinnen die Truppen an Achtung und Vertrauen, auch selbst im feindlichen Lande, der gute Ruf einer musterhaften Führung geht ihnen dann voran, und die Armee wird, wenn auch nicht immer, wie die Zeitungen schreiben, mit offenen Armen, doch ohne Furcht empfangen.

Bestrafungen.

Mit der steigenden Gesittung sind die entehrenden Strafen der Vorfahren verschwunden, und die körperlichen durch Ehrenstrafen verdrängt worden; die ausübende Disciplin ist milder, und bei den Vergehen wird sogar auf die Umstände gesetzlich Rücksicht genommen. Dieses ist eine natürliche Folge der jetzigen Nationalgesittung, macht aber unserer Zeit eben so viel Ehre, als dem Offiziere der Umstand, daß er mit so geringer Strafgewalt, wie solche gegenwärtig überall gesetzlich hergebracht ist, in seinem schweren Berufe auskommt. Eine noch größere Beschränkung der jetzigen Strafgewalt ist nicht anzurathen, weil sonst das Gehorchen bei vielen Subjekten zu schwer, und bei einzelnen unmöglich gemacht würde.

Die alten Kriegsgesetze verliehen dem Offiziere im Kriege viel mehr Strafgewalt, als im Frieden. Wie die Erfahrung schon in den letzten Kriegen dargethan hat, ist es, mit Ausnahme einzelner Fälle, nicht nöthig die Strafgewalt im Kriege zu steigern, oder härtere Strafgesetze, als solche im Frieden bestehen, in Anwendung zu bringen, ja, man kann annehmen, daß sich in der Folge des Krieges die Bestrafungen in eben dem Grade vermindern, je mehr die jungen Soldaten Männer, je sorgfältiger sie unterrichtet und gehalten, und je mehr sie vom Ehrgefühl geleitet werden.

Die Bestrafungen erfolgen stufenweise, und bestehen in: Warnungen, Ermahnungen, dem Verweise unter vier Augen, dem Tadel oder öffentlichen Verweise vor dem versammelten Truppentheile, worauf die Disciplinarstrafen und Arreste folgen. Jene bestehen in Strafdienstleistungen verschiedener Art: Erscheinen zum Rapport, beim Appell, Entziehung der Disposition über das Traktament; diese in gelindem Arrest bei der Nacht, oder auf der Lagerwache, oder in strengem Arreste bei Entziehung gewohnter Bedürfnisse, als des Branntweins, des Tabaks, oder anstatt des strengen Arrestes im Anbinden des Verbrechers an einen Baum oder eine Wand mit ab- oder zugekehrtem Gesichte, und Nichtgestattung des Niedersetzens; bei der Kavallerie im Marschiren der Reiter zu Fuß, Abnahme des Reitpferdes rc. Wenn diese Bestrafungen nicht ausreichen, oder bei schweren Vergehen, werden unverbesserliche verbrecherische Subjekte endlich an die Militärgerichte abgeliefert.

Im Anfange des Krieges fallen häufig die meisten Vergehen vor. Dieses ist auch zuweilen der Fall, wenn im Drange der Umstände es an der Zeit fehlt, die Strafen zu vollziehen, in welchem Falle sich sehr bald Zügellosigkeit einschleicht. Im Verlaufe des Krieges werden allmälig die schlechten Soldaten aus den Reihen entfernt, die ebenso aus Mangel an Ordnungsliebe, als in Folge der Anstrengungen, die solche in doppeltem Verhältniß angreifen, nach und nach erliegen. Bei den alsdann noch Verbleibenden steigert sich, je länger der Krieg dauert, die Ehrliebe immer mehr, so daß die Mehrzahl alsdann mehr der Ehre und Pflicht, als der Furcht vor Strafe Folge leistet, die übrigen wenigen nach Unsicheren an sich schließt, die später als Ersatz Eintretenden sicher leitet, und hierdurch die allgemeine Führung, die Erhaltung und Ausführung der Disciplin den Offizieren wesentlich erleichtert. Daher muß die erste Sorge sein, das Ehrgefühl zu wecken, zu beleben und anzuspornen, doch darf den Leuten *weder falsches* noch *überreiztes* Ehrgefühl eingeflößt, auch *keine Empfindlichkeit* in denselben erzeugt werden. Ebenso darf nie vergessen werden, daß auch bei der besten Disciplin eine fortwährende Anregung zur Erhaltung derselben niemals schadet, denn diese hebt den Schwachen, spornt den Guten noch mehr an, und stellt ihn um so höher, den Bösen hält sie aber nieder. So wie kein Mensch so unfähig ist, daß er nicht zu etwas zu gebrauchen wäre, so soll auch Niemand für unverbesserlich gelten, da man annimmt, daß ein Jeder eine gute Seite mindestens besitze, mittelst welcher derselbe, wenn sie erst entdeckt worden ist, auch mit der Zeit zurück geführt werden kann.

Strafen und Vergehen sollen, wo möglich, durch Gleichartigkeit verwandt sein. Für geringe und große Vergehen gleiche Strafen anwenden, hieße nicht bloß die Fehlenden zu groben Vergehen aufmuntern, oder umgekehrt die geringeren Verbrechen den schweren gleichstellen, sondern auch das Ehrgefühl ersticken zu wollen. Bei den Bestrafungen überhaupt kommt es nicht allein darauf an, daß ein begangenes Vergehen durch sie abgebüßt, oder die begangene Immoralität durch ein vom Gesetze auferlegtes Uebel geahndet werde, sondern vielmehr hauptsächlich darauf: daß fernere Vergehen durch Besserung der Bestraften verhütet werden. Der Verbrecher muß aber stets gewiß sein, daß ihn Strafe erwarte. „Immer muß das Vergehen gleich nach begangener That untersucht werden, und die Bestrafung in möglichst kürzester Zeit darauf folgen: alsdann macht das Beispiel auf die Uebrigen Eindruck. Hierdurch wird aber auch allen Betrachtungen und Besprechungen der übrigen Soldaten — die steten Begleiter der Insubordination — gänzlich vorgebeugt.“ Je mehr und ernster der Vorgesetzte die kleinen Vergehen beseitigt, desto mehr beugt er größeren vor.

Die Kunst, richtig zu strafen, ist eine schwere, und wer sie nicht versteht, kann auch die Disciplin nicht aufrecht erhalten. Der Beobachtungsgeist des Führers wird ihn seine Untergebenen hinlänglich kennen und beurtheilen lernen, um bei der Auslegung des Buchstabens des Gesetzes diejenige Bestrafung eintreten zu lassen, durch die der beabsichtigte Zweck nur erreicht werden kann. Er wird die Strenge des Gesetzes ebenso nach dem herrschenden Charakter und der Bildung derjenigen Provinz, aus welcher der Verbrecher stammt, als nach der Gemüthsart desselben, die stets einen Maaßstab zur Beurtheilung abgeben darf; nach Maaßgabe des Wohllebens oder der Entbehrungen des Truppentheils, oder nach dem herrschenden Geiste desselben rc. anpassend modifiziren, die Bestrafung steigern oder mildern: alsdann aber mit Festigkeit auf der Ausführung derselben beharren! Vor der Verhängung der Strafe muß aber der Vorgesetzte jedesmal von der Verschuldung des zu Bestrafenden vollkommen überzeugt, und über die Schuld und den Grad der Strafbarkeit völlig aufgeklärt sein.

Bevor derselbe einen jungen Soldaten straft, wird er ihn wiederholt mit Sanftmuth ermahnen; wenn derselbe jedoch dieser Ermahnung nicht folgt, ihn sogleich mit strenger Strafe belegen, weil er hierdurch zur Gewißheit gekommen ist, daß er nicht die Unwissenheit, sondern den bösen Willen bestraft hat, den er als Vorgesetzter nicht dulden darf.

Im Felde ist der öffentliche Verweis mehrentheils schon eine sehr wirksame und ausreichende Bestrafung; wo nicht, müssen gleich strenge Bestrafungen eintreten, einmal, weil die Vergehen im Kriege eine größere Wichtigkeit, als im Frieden haben, und, weil diejenigen Leute, die sich nicht durch Ehrgefühl leiten lassen, auch weniger berücksichtigt werden dürfen. Der öffentliche Verweis darf nie beschimpfend, vielmehr muß es Prinzip sein, auch bei den kleinsten Disciplinarvergehen, die Begriffe des Soldaten von Ehrgefühl und persönlicher Würde immer mehr zu erhöhen, und zu veredeln, sein Gefühl aber nicht zu verletzen. Zurechtweisungen werden für keine Strafverweise gehalten.

Alle Verweise müssen mit Ruhe, Ernst und Würde, und ohne alle Leidenschaft ertheilt werden. Willkühr darf nicht geübt, vielmehr muß gezeigt werden, daß der Verbrecher nach Recht und Gesetzen bestraft sei. Wenn der Vorgesetzte überhaupt niemals heftig und erbittert werden soll, so darf er solches noch viel weniger werden, wenn er an Untergebene Verweise ertheilt, oder Strafen über sie verhängt.

Die eigentlichen strengen Bestrafungen sollen nur auf

vorsätzliche Vergehen; bei Wiederholung desselben Vergehens, die jedesmal härter, als das erstemal, bestraft werden muß; bei Ungehorsam und Excessen eintreten. Vor Allem muß der böse Wille nicht nur am Strengsten bestraft, sondern auch gänzlich ausgerottet werden. Je schwerer überhaupt die möglichen Folgen eines Vergehens sein können, um so mehr muß die Bestrafung als Beispiel abschreckend wirken. Alsdann muß aber auch die ganze Strafgewalt gegen den Verbrecher angewendet werden, damit die Bösen mit Schrecken erfüllt, die Guten aber im Guten bestärkt werden.

Der Verbrecher leide jedoch nur für das Vergehen. Immer soll der Mensch in ihm noch geachtet, und jede verächtliche Behandlung oder Willkühr gegen ihn vermieden werden. Die Bestrafung soll auch nur im Kreise der Truppe, niemals aber öffentlich vor den Einwohnern geschehen, und nie entehrender Art sein, da solche Strafen außerdem, daß sie nur durch ein gesetzliches Urtheil über besonders bestimmte Verbrechen gerechtfertigt werden können, auch auf die übrigen Soldaten stets einen schlechten Eindruck machen. Zu strenge Bestrafungen verlieren überhaupt durch das Mitleid, das sie für den Thäter erwecken, größtentheils ihre Wirksamkeit.

„Ein Mißbrauch der Strafen macht den Menschen unempfindlich, stumpft ihn ab, erstickt jedes edle Gefühl, macht ihn widersetzlich, und setzt die Strafe selbst herab, indem er ihr die moralische Kraft auf das Gemüth raubt, und ihr nur die kleinen körperlichen Unannehmlichkeiten beläßt. Durch solche Bestrafungen wird eine Truppe von ihrer moralischen Höhe herab gezogen, auf welche sie sich oft nie wieder zu erheben vermag.“

Soldaten, die oft gegen die Ordnung und Disciplin gefehlt haben, und deshalb öfters zurechtgewiesen und bestraft worden sind, reinigen sich später durch Wohlverhalten, Muth und Tapferkeit. Den Gebesserten darf nichts nachgetragen, denselben muß vielmehr volle Gerechtigkeit, so wie überhaupt jedem Verdienste stete Anerkennung gewährt werden. —

Wird die Disciplin als die Seele der Armee angenommen, so müssen Ehre und Pflicht als ihre Hebel betrachtet werden, die durch Beifall, Lob oder Tadel belebt werden. Eifer und gutes Verhalten sind durch alle möglichen Aufmunterungen anzuerkennen, doch muß man mit dem Lobe auch ökonomisch sein, damit es nicht seine Wirksamkeit verliert. Die Aufmunterungen zur Pflichterfüllung bestehen: in schmeichelhaften Worten des Führers an ausgezeichnete Leute unter vier Augen und öffentlich; in gelegentlichen Beweisen seiner Achtung derselben; in der Wahl für einen Vertrauen bezeichnenden Auftrag; in Aufträgen, die Aussicht auf Auszeichnung geben; in einer in den Regimentsbefehl aufgenommenen Belobung; in der Beförderung zu einer höhern Charge; im Hervorrufen aus dem Gliede und Vorstellen der Truppe, oder an höhere Vorgesetzte; endlich in dem Vorschlage zu einem Ehrenzeichen. Solche Anerkennungen sind stets ehrende Antriebe und neue Aufmunterungen, die Pflichten seines Berufes mit regem Eifer fernerhin zu erfüllen, so wie überhaupt „ein zweckmäßiges System von Strafen und Belohnungen, so lange es Heere gegeben hat, die Soldaten zu gehorsamen Werkzeugen des Willens der Vorgesetzten gemacht haben.“

Es ist ein bemerkenswerther Charakterzug des Deutschen, daß er ein tief eingewurzeltes Gefühl für Pflicht in sich besitzt, diese als das einzige Motiv seiner Handlungen anzusehen gewohnt ist, daher die Pflicht um ihrer selbst willen, und nicht einer Belohnung, oder äußern Auszeichnung wegen ausübt, und in seiner schlichten Pflichterfüllung selbst sich hin reichend belohnt findet. In diesem Gefühle ist derselbe zu erhalten und zu bestärken. —

Man sagt, die Truppen wären gut, bei welchen Bestrafungen selten nothwendig werden. Alsdann sind aber auch ihre Vorgesetzten stets solche Männer, die von der Wichtigkeit der Disciplin tief durchdrungen sind, und „die nichts vertuschen!“ —

Ein sehr häufiges Vergehen bei der Reiterei, Artillerie, und dem Fuhrwesen ist das Futterstehlen, ein Vergehen, welches die Leute schon im väterlichen Hause geübt haben, und das sie als solches nicht anerkennen, weil sie blos für ihre Pferde nehmen. Man muß es als eine Unregelmäßigkeit, aber nicht als Diebstahl bestrafen, und als ein Unrecht nicht dulden.

Bestrafungen der Leute unter sich, welche hie und da wissentlich oder stillschweigend gestattet werden, dürfen niemals stattfinden. In einem wohlgeordneten Truppentheile darf nur Einer befehlen, regieren und strafen, sein Wille als der einzig geltende herrschen; sonst folgen Verfall der Disciplin und Demoralisation unausbleiblich nach.

Rühmen sich auch die Offiziere, die Leute ganz genau zu kennen, immer kennen sich diese noch viel genauer unter einander. „In einem jeden noch so kleinen Truppentheile befinden sich stets Leute, die den andern als Tonangeber dienen, von denen einige die grade Straße des Rechts gehen, die andern sich nicht selten von ihr entfernen. Der Kommandirende muß indessen Alle, besonders die Stimmführer in den Chargen, gründlich kennen, so wie die Größe ihres Einflusses auf die Uebrigen; auch muß ihm überhaupt genau bekannt sein, wer gute und wer schlechte Dienste leiste. Die Ersteren wird er als werthvolle Vorbilder anerkennen, bei den Letztern dagegen, durch welche der Dienst gelähmt, die allgemeine Thätigkeit gehemmt, die Disciplin vernichtet, ein schädlicher Geist erzeugt, und der Truppe dadurch ein großer Schaden bewirkt wird, muß er die Ursachen dieser Erscheinungen genau ermitteln, solche ohne Zeitverlust aus dem Wege räumen, die Schuldigen ohne Nachsicht strafen, und dadurch ihren schädlichen Einfluß auf die Gemüther der Uebrigen brechen." —

Landsmannschaften, und dergleichen besondere Verbindungen sind nicht zu dulden, denn in der Armee ist es nur erlaubt, sich durch die Bande des Gehorsams zu verbinden; jede andere Verbindung ist überflüssig und schädlich. Dagegen sind Versammlungen, welche gemeinschaftliche Vergnügungen zum Zwecke haben, oder die dazu dienen, das gute Einverständniß unter sich zu fördern, das Tanzen, Spiele, Leibesübungen ꝛc. nicht zu hindern, vielmehr aufmunternd zu befördern, obwohl eine Aufsicht dabei nie überflüssig ist. Leute von gleicher Bestimmung und zu gleichem Zwecke müssen auch eng mit einander verbunden sein, und alles das, was sie zur Einheit bringen kann, gefördert werden. „Des Einzelnen Kraft und Wille vermag nur wenig, nur durch die Vereinigung Aller wird die Armee stark."

Die Kameradschaft ist einem Familienverbande gleich. In ihr wohnen Redlichkeit, Offenheit, Wahrheit, Eintracht, und Friede. Sie verbindet uns mit denen, mit welchen wir Leben und Tod theilen sollen, für die wir daher auch Zuneigung und Werthschätzung empfinden müssen. Sie schließt alle Selbstsucht aus, bestimmt zur Hingebung für jeden Andern, und gewährt in Noth und Leiden den größten Trost. Gute Kameradschaft darf nicht bloß in der eigenen Truppe bestehen. „Wenn wir in Gefahren die Hülfe von Andern erwarten, so müssen wir ihnen solche nicht nur selbst gern gewähren, sondern uns auch ihre Zuneigung jederzeit, auch schon im Frieden, zu verdienen suchen." Die Waffenbrüderschaft ist ein edles erhebendes Gefühl, dem der Soldat viele Freuden, Begeisterung und Ruhm verdankt, die aus der wechselseitigen Zuneigung und Hülfsleistung entspringen. Daher muß die Kameradschaft auch auf alle Waffen ausgedehnt werden. Diese dürfen sich daher nicht absondern, vielmehr schon im Frieden zusammenhalten, damit sie dereinst da, wo es gilt, einander brüderlich unterstützen, denn in dringender Noth muß sich jeder brave Soldat für die Rettung seines Kameraden, gleich viel von welcher Waffe derselbe sei, ebenso freudig, als für die Ehre der Fahnen oder das Ganze aufopfern. Die Kameradschaft, welche im Frieden weniger hervortritt, ist daher nicht genug zu beleben und zu befördern. „Es ist dies eine Pflicht, welche der Führer sich selbst, und dem Dienste schuldig ist, und der richtige Takt, den er im Erziehen eines guten kameradschaftlichen Geistes an den Tag legt, giebt ihm ein gutes Zeugniß für seine Führergabe ab."

Der Deutsche hat aber an der bloßen Kameradschaft, welche einem Franzosen schon vollkommen genügt, noch nicht genug; er hat noch Bedürfnisse für Freundschaft und Mittheilung, und auch diese müssen von dem Führer gepflegt und erhalten werden, denn sie verbinden wechselseitig als Brüder zum Beistand in Noth und Tod noch viel mehr! Das Band der Freundschaft knüpft sich bei jungen Soldaten leichter, als bei alten, besonders sind es aber die gemeinsam bestandenen Gefahren und Anstrengungen, die die Freundschaft erzeugen und heiligen, welche durch das ganze übrige Leben um desto fester verbindet!

Durch allgemeine Unterhaltungen wird nicht bloß die

überflüssige Zeit angenehm und unschädlich verkürzt, es werden auch die Ansichten berichtigt, und erweitert, und manche nützlichen Kenntnisse erworben. Die Geselligkeit erheitert und bildet den Verstand, auch im Kreise der Soldaten, in welchem sich stets Viele vorfinden, die durch Bildung vor Andern ausgezeichnet sind, zumal in der jetzigen Zeit, und besonders in den Heeren, in deren Reihen alle Stände eintreten, wo sich mehr als jemals eine vielseitige Bildung kund giebt. Nach ausgestandenen Beschwerden ist aber Mittheilung und Aussprechen im geselligen Kreise am besten geeignet, jene schnell vergessen zu machen. Ueberhaupt geben Zusammenhang, Aneinanderhalten und Ausdauer in der Anstrengung den Truppen erst die eigentliche Stärke, und Uebel und Beschwerden, die dem Einzelnen unerträglich vorkommen, werden, gemeinsam getragen, leicht. —

Stand und Benehmen.

Die Art und Weise, wie die Soldaten von oben herab gehalten werden; welche Werthschätzung ihrem Stande zu Theil wird; wie sie gleich beim Eintreten ins Heer aufgenommen und hernach behandelt worden sind; und welchen Geist man ihnen anzueignen gesucht hat: drücken ihnen auch einen Stempel auf, der unverkennbar an ihnen haften bleibt und in dem sie dann durch ihr ganzes militärisches Leben auftreten.

Die ersten Eindrücke sind stets die bleibendsten, und es ist den Meisten unvergeßlich, was sie bei dem Eintreten in die Armee empfunden, welche Worte an sie gerichtet worden sind, und welches Vertrauen ihnen der erste Vorgesetzte eingeflößt hatte. „Der Vorgesetzte wird stets so genommen, wie er sich beim ersten Auftreten zeigte, und ändert er später sein Verhalten nicht, so giebt dies seinen Befehlen die rechte Kraft und Würde.“ Unter dem Einflusse des Offiziers wird der junge Soldat ausgebildet, und ihn als Vorbild nehmend strebt er ihm nach; der Offizier übt demnach einen beständigen Einfluß auf den Soldaten aus, und ist dafür auch verantwortlich.

Die deutschen Armeen stehen nicht mehr ihren Volksstämmen fremd gegenüber, da sie aus ihren Söhnen bestehen, und Ausländer nur ausnahmsweise iu denselben Aufnahme finden. Auch sind dieselben gegenwärtig keine Straf- und Besserungsanstalten, wofür sie früher zum Theil gehalten wurden. In den meisten derselben macht sich der Grundsatz immer mehr geltend, daß nicht jeder Waffenfähige auch waffenwürdig sei, weshalb ehrenrührige Vergehen, die eine schimpfliche, oder entehrende Strafe nach sich ziehen, den Eingebornen vor der Wiederherstellung seiner Ehre der Auszeichnung unwürdig machen, im Heere zu dienen, wodurch jeder Unwürdige von demselben entfernt gehalten, und eine bessere Disciplin erlangt wird, daher auch die Verpflichtung Soldat zu werden, zum ehrenvollen Vorzuge wird und den Stolz erklärt, in einer solchen Armee dienen zu können.

Der Soldat, welchem die jetzt allgemein verbreitete Bildung auch mehr oder weniger zu eigen geworden ist, die ihm Selbstgefühl verleiht, und der durch eine äußerst humane Behandlung gesetzlich geehrt ist, die ihn gegen jede ungemessene Willkühr und Bedrückung schützt, wird nicht mehr, wie ehemals, als Maschine, oder bloßes willenloses Werkzeug in den Händen seines Führers, als gering und tief unter den Offizier gestellt, betrachtet, vielmehr als ein freier von Geist belebter Mann angesehen. Jetzt wird der Soldat gut gekleidet und gehalten, und genießt viele Vorzüge. Zwischen den Soldaten und den übrigen Unterthanen aber herrscht gegenwärtig eine gegenseitige Anerkennung von Verdienst und Werth, und sie schätzen sich wechselseitig. Es ist dieses eine natürliche Folge der allgemeinen Verpflichtung zum Waffendienste, bei welcher der wahre Werth eines Soldaten am Meisten gewürdigt wird, woraus die Achtung von selbst folgt.

Auf diese hohe Stufe ist jedoch der Soldat nur in denjenigen Staaten gestellt, in welchem Alle Eingebornrn, ohne Unterschied, das Recht und die Verbindlichkeit theilen, Waffendienste zu leisten, denn: wo Jeder Soldat ist, steht der Soldat am höchsten; von Allen gleich geachtet, geschätzt, und geehrt, und dadurch mit größerem Selbstgefühle erfüllt, darf er auch anders auftreten!

Leider aber besteht nicht in allen Bundesstaaten eine allgemeine Militärpflichtigkeit, und da, wo eine Stellvertretung erlaubt ist, wird der Stand nicht bloß herabgesetzt und erniedrigt, sondern erhält auch eine andere Stellung zum Staate. Diese Art von Menschenhandel, welche das moralische und sittliche Gefühl gleich tief verletzt, „und welcher in einer Zeit noch das Wort geredet werden kann, in welcher aller Sclaverei der Tod geschworen ist": ist ein gehässiges Privilegium des Reichen, der bereits so viele Vorzüge voraus hat; entnervt die höheren Klassen; erbittert die Armen, welche außer Stande sind, Leben und Gesundheit ihrer Söhne erkaufen zu können, und macht den Kriegsdienst zur härtesten Staatslast für sie; schwächt das Heer, indem sie ihm intelligente Individuen, die ihm in so vieler Hinsicht nützlich werden könnten, entzieht; dafür theilweise Vagabunden liefert, welche allen guten Geist verderben; und setzt es in den Augen der höheren und gebildeten Klassen herab. Die Stellvertretung schadet demnach dem guten Rufe des Soldatenstandes ungemein, und wird höchst verderblich für ihn, so viele Gründe auch für deren Entstehen und Fortbestand vorgebracht werden mögen, die jedenfalls von keinem reinen Patriotismus zeugen. Der kriegerische Geist einer Nation aber, in der das Remplaçant-Wesen erst tiefe Wurzeln geschlagen hat, ist als sehr gedämpft oder abgekühlt, wo nicht erloschen, von den Nachbarn nicht weiter besonders zu berücksichtigen.

In dem Grade, wie sich die Heere mit der Stellvertretung schwächen, werden diejenigen, die sich durch eine allgemeine Militärpflichtigkeit ergänzen, nicht nur gestärkt und erhoben, sondern es wird auch ein mächtiger Hebel in ihnen erweckt, der auf die Ausbildung der Mannschaft und ihren Geist die größte Wirkung äußert, und daher von hoher Wichtigkeit ist. Am hervortretendsten zeigt sich dieses in Preußen. Dadurch, daß hier, ohne Ausnahme, Jeder das Recht und die Pflicht hat, das Vaterland zu vertheidigen, finden sich alle Stände, Vornehme und Geringe, Arme und Reiche bunt durch einander, wie sie das Maaß im Gliede zu einem Ganzen vereinigt, repräsentirt, und jede Scheidewand fällt hier weg. Dies erniedrigt den von Geburt an höher Gestellten keineswegs, stellt aber den aus den niedern Ständen, welcher sich hierdurch geehrt fühlt, von Hause aus um desto höher, hebt ihn, und ist ihm ein Sporn mehr, es auch zu verdienen, Jenem gleichgestellt zu werden. Dies erklärt es, wie sich in der preußischen Armee Leute aus den niedrigsten Ständen, oder in der ersten Erziehung zurückgebliebene Subjekte, wenn sie sonst nur von gutem Schrot und Korn sind, in sehr kurzer Zeit so hinauf zu schwingen vermögen. Weil nun hier einer den andern dadurch bildet, daß er ihm seine Gewohnheiten und sein Wissen mittheilt, die der Mann aus den niedern Verhältnissen besonders so gern nachahmend annimmt, wird nicht nur die allgemeine Ausbildung hierdurch außerordentlich erleichtert, sondern auch das Heer zu einer Bildungsschule des ganzen Volkes, was letzteres längst dankbar anerkannt hat.

Aus dem Volke hervorgegangen, ist das Heer die Blüthe, der Kern und ein Abbild desselben. Das Volk präsentirt sich in den Soldaten als seinen Söhnen, welche als die öffentlichen Vertreter seines Charakters, seiner Bildung und seines ganzen Werthes von dem Auslande angesehen und beurtheilt werden. Hiernach fallen auch die Gesinnungen und Thaten des Heeres auf das ganze Volk zurück, und muß diese Rücksicht dem erstern bei seinem Auftreten, Benehmen und Handeln außerhalb des Vaterlandes zur Richtschnur dienen.

Groß ist Deutschland, sehr zahlreich ist seine Bevölkerung, und als Ganzes betrachtet, könnte das deutsche Volk das mächtigste sein, so wie es in der Bildung seinesgleichen nicht hat. Aber die deutschen Stämme hingen früher politisch nur lose zusammen, kannten einander zum Theil nicht, da sich heut noch viele nicht weit über die Grenzen ihres Gebietes zu erheben vermögen, und andere Deutsche für Ausländer halten, die nicht aus ihrer Mitte sind. Mangel an Gemeingeist und an Sinn für ein Gesammtvaterland ließ sie früher oft sehr kleinvölkisch erscheinen.

Seit der Vereinigung zum Zollverbande haben sich indessen diese Verhältnisse sehr geändert, und seitdem fingen auch die Deutschen an, ganz anders zu werden. Hierzu kamen die Ereignisse der letzten Zeit, welche mächtige Veränderungen in den Gesinnungen der Deutschen hervorbrachten. Seitdem sind auch die schönen Worte: Gemeinsinn, Volkssinn, Einheitssinn, gemeinsames Vaterland, Volks- und deutsche Bruderliebe ꝛc. wohl in keiner Periode der frühern deutschen

Geschichte so oft ausgesprochen und gehört worden; besonders aber hat sich das Mitgefühl nie so lebendig gezeigt als bei Gelegenheit des großen Unglücks von Hamburg, wo diesen schönen Worten und edlen Gesinnungen auch die noch viel schönern Handlungen und Thaten von deutschen Fürsten und ihren Unterthanen wetteifernd folgten! „Hülfreiche Theilnahme ist ein Unterpfand friedlicher Eintracht der Völker, und des nationalen Bewußtseins des deutschen Bundes!“ Mögen jene Worte nie verklingen, und die dabei an den Tag gelegten guten Gesinnungen dazu dienen, Eintracht und Gemeinsinn immer lebendiger unter den Deutschen zu erhalten und auszubilden! Alsdann wird auch die Zeit kommen, wo der bisher noch fehlende Volksstolz sich einfinden, und dem deutschen Volke diejenige Achtung unter den Nationen sichern wird, die es in jeder Hinsicht so sehr verdient.

Daß auch von Seiten der deutschen Heere, von welchen sich kein Theil bevorzugt, nicht besser oder vorzüglicher, als der andere halten darf, dieser Geist gefördert werde, wird zur Pflicht, damit die Deutschen, als Volksgenossen und Brüder einander achtend und werth haltend, immer inniger an einander gebunden werden: denn nur in der Einigkeit und dem gegenseitigen festen Zusammenhalten der deutschen Bundesstaaten, ihrer Heere und Einwohner unter sich beruht die Stärke, Selbstständigkeit, Würde und Unabhängigkeit des allgemeinen deutschen Vaterlandes. —

Keinen schöneren Spiegel kann man dem Soldaten zur Nachahmung vorhalten, als den, welchen der Biograph von Blücher, diesem ächten deutschen Helden, entwirft: gegen Bürger und Landleute, wie gegen alle einfachen Menschen überhaupt, treuherzig, doch ohne den Anstand zu verletzen; gegen Geringere, Ueberwundene nicht seinen Stand fühlen lassen; gegen Seinesgleichen zutraulich und herzlich; gegen hohe Personen bescheiden, ohne sich durch Kriecherei oder Unterwürfigkeit etwas zu vergeben; gegen Alle wahr und offen. „Er soll sich in Jeden zu schicken, und in jedem Kreise stets den rechten Ton zu treffen suchen.“

Denkwürdig, und daher hier bemerkenswerth sind die Vorschriften dieses heldenmüthigen Feldherrn an seine Soldaten über die Behandlung der überwundenen Franzosen 1815, an welchen diese selbst und Andere für die Zukunft ein Beispiel nehmen möchten: nach ruhmvoll gefochtenen Siegen die Einwohner mit Ernst und Zurückhaltung zu behandeln; sich als Sieger menschlich und bescheiden zu betragen; jede muthwillige Beleidigung zu vermeiden; und sich nicht durch Uebermuth zu entehren.

Ganz anders, obwohl dasselbe ausdrückend, ist die Forderung eines der neuesten Schriftsteller an den Soldaten: „der Soldat soll frei, soll wahr sein; wie er empfindet, wie er denkt, soll er sich auch geben; und wenn er sonst nur in den Schranken des Anstandes und des Konventionellen bleibt, soll er nicht viel danach fragen, ob er hier eine Perücke, oder dort einen Bart angesengt hat.“

Hiernach ergiebt sich der eigentliche soldatische Geist eines Feldsoldaten von selbst, der: die Ordnung liebend; die Disciplin achtend; in allen Handlungen offen und ohne Rückhalt sich zeigend; und Jedem frei ins Angesicht blickend; für Recht und Gerechtigkeit begeistert; von fester stolzer Vaterlandsliebe beseelt; von einem aus dem innern Wohlbehagen hervorgehenden leichten fröhlichen, lebensfrischen Sinne belebt; von keckem Muthe, der sich durch keine Schwierigkeiten niederschlagen läßt, erfüllt; und von Pflicht und Ehrgefühl geleitet, unbekümmert, ob es zum Siege oder zum Tode führt, fest entschlossen sich unter allen Umständen auszeichnen, vom ergebenen Trainsoldaten bis zum kühnen Husaren, durch alle Truppengattungen sich gleich äußern muß! Wer für seire Sache das Höchste, was er außer seiner Ehre besitzt, das Leben, einsetzt, muß auch von keckem Muthe beseelt sein, und selbst ein zu keckes Aussehen und zu dreistes Auftreten drücken den militärischen Geist doch noch mehr aus, als zu kalt, trübe, schleichend, gebeugt, allzu bedächtig, ängstlich, alles abwägend, zu viel überlegend, und von kleinlichen Interessen beherrscht zu sein, welche Eigenschaften einem Soldaten nimmermehr wohlanstehen.

Das Benehmen gegen seine Mitbürger und Bundesgenossen ist bereits angedeutet worden: der Soldat wird sich durch freundliche, theilnehmende Behandlung derselben ihr Zutrauen verdienen, und sie dadurch veranlassen, ihm ebenso entgegen zu kommen.

Anders stellt es sich aber in occupirten Landestheilen; in solchen, wo man als Befreier in den Augen der Menge erscheint; noch anders da, wo die Einwohner voller Parteigeist die verschiedenartigsten Gesinnungen an den Tag legen; wo ein Volksaufstand stattfindet, oder wo man als Unterdrücker erscheint ꝛc. Hier sind große Bescheidenheit, Sanftmuth und feine Politur nicht an ihrer Stelle, weil sie den Anschein von Schwäche haben; hier muß der Soldat ohne Brutalität den Herrn spielen, was ihm ohnehin selten zu Theil wird. Höhere Anweisungen bestimmen alsdann die Grundzüge des Verhaltens gegen die Einwohner. „Diese werden in der Weisung bestehen, sich des Verkehrs mit denselben möglichst zu enthalten, stets auf seiner Hut zu sein, und die militärischen Maaßregeln mit gemessenem Ernst und Nachdruck durchzuführen, ohne durch Heftigkeit oder Willkühr Anlaß zur Widersetzlichkeit zu geben.“ Disciplin und Mannszucht müssen streng gehandhabt werden, sonst aber muß dem Soldaten jeder ausgezeichnete Mann, welcher Partei er auch angehören mag, willkommen sein, dessen freundlich zuvorkommende Begegnung er erwiedern muß.

Gegen den Offizier, seinen Führer, der ihm in allen Lebensverhältnissen Lehrer, Rathgeber, Muster und Vorbild, und mit Aufopferung seiner selbst zugethan ist, soll der Soldat: anhänglich, treu, ergeben, offen, völlig vertrauend, und hingebend, vor Allem aber unbedingt gehorsam sein.

Der Soldat, welcher in der Regel einen wohlgestalteten Körper besitzt, imponirt um so mehr, wenn er solchen nicht vernachlässigt, sich lebendig, thätig, gewandt und geschickt zu benehmen versteht. Daher kann er auch an den Anstand, gute Haltung, und die größte Sauberkeit im Anzuge, als durchaus zu seinem Stande gehörend, nicht oft genug erinnert werden. Sein Anzug soll stets sorgfältig, nie vernachlässigt, sein, und ihm so zur Gewohnheit werden. Seine Uniform bezaubert nicht bloß das weibliche Geschlecht, sondern auch der ehemalige Soldat huldigt ihr, und der schlichte Landmann erblickt in dem Manne mit der Uniform stets einen Höhern, dem er gern zu Willen lebt. Die Würde seines Standes hängt nur von ihm allein ab, und es kommt in den meisten Fällen bloß auf den Soldaten selbst an, wie er auftritt und sich beträgt, um die Meisten für sich zu gewinnen, so wie es auch mehrentheils nur seine Schuld ist, wenn er sich die öffentliche Achtung nicht erwirbt.

Bei dem Benehmen gegen das schöne Geschlecht wollen Einige den Deutschen dem abgeschliffenen, galanten und doch liebeleeren Franzosen nachsetzen; dasjenige jedoch, worin ihm in dieser Beziehung der Franzose voraus ist, möchte man dem Deutschen nicht gern inoculiren.

Geist.

„Jeder denkende Mensch richtet sich nach den Gesetzen der Ehre, vorzüglich aber muß die Ehre das ausschließliche Prinzip der Handlungen und des Denkens eines Soldaten sein. Sie ist die Bewahrerin aller seiner Tugenden, und in ihr achtet er sich selbst.“

Auch der gemeinste Mann kann, wenn er gehörig behandelt wird, des Gefühls von Ehre fähig gemacht werden, und muß es, denn dadurch wird er für sehr vieles schadlos gehalten. Die festesten Stützen der Ehre sind gute Lehren und Mahnungen, sobald sie sich in dem Manne so einwohnen, daß sie in ihm zur Ueberzeugung geworden sind, wodurch sie auch erst sein Eigenthum werden.

Die Ehre des Soldaten gründet sich aber auf die Empfindung, daß er als Vertheidiger des Vaterlandes einen hohen Stand einnimmt. Sie ist ferner gegründet auf die Vollkommenheit, zu welcher sich jede Waffe empor geschwungen hat; auf die Disciplin und Ordnung, welche in allen Theilen der militärischen Einrichtungen besteht; auf die Hochschätzung unter seinen Mitbürgern; auf den Ruhm der Großthaten der Vorfahren, und endlich gegründet auf das Bewußtsein: an diesem Allen auch einen Antheil zu haben!

Die wahre Ehre beruht auf Selbstachtung, und diese kann nicht früh genug entwickelt und belebt werden, damit sie als Schutzwehr gegen die Scheinehre diene, die sich unter verschiedenen Formen aufdrängt. —

Aus dem Volke hervorgegangen, und nach einigen Jahren Dienstzeit wieder in dasselbe zurück tretend, wird jene ängstliche Ueberwachung des Soldaten, welche in andern Armeen zur Verhütung der Einbürgerung als nothwendig erscheint, deshalb verschiedene Anordnungen, beständige Garnisonwechsel 2c. nöthig macht, in den deutschen Armeen überflüssig. Dafür erscheint auch der deutsche Soldat frei von allen solchen üblen Eigenschaften und Untugenden, die eine solche Abgeschlossenheit erzeugt. Es darf jedoch außer dem Offiziere Niemand auf den Soldaten einwirken, Einfluß gewinnen, oder ihn gar beherrschen. Daher wird auch der Offizier über den jungen Soldaten nach seinem Ermessen wachen müssen, (denn der alte Soldat bewacht sich schon mehr von selbst) und wo es ihm nöthig erscheint, demselben in dem Verkehr mit den Einwohnern eine gewisse Grenzlinie ziehen, da durch den Umgang mit denselben der Soldat nie in seinem Stande entfremdet werden darf, welchen er um keinen Preis verlassen wollen, ihn vielmehr allen andern Verhältnissen vorziehen muß: unter allen Umständen und zu jeder Zeit muß er Soldat, seiner Nation und seinem Landesherrn treu bleiben!

Nächst der Festhaltung der Disciplin muß es daher die zweite Hauptpflicht des Offiziers sein: den Soldaten für das militärische Leben einzunehmen; zu sorgen, daß er seinen Stand lieb gewinne, und erkennen lerne, um sich in seinem Berufe glücklich zu fühlen; ihn an die Waffe und Fahne zu fesseln; ihm für die Obern, den Feldherrn, für Fürst und Vaterland Anhänglichkeit einzuflößen; für das Feldleben, das so viele Entsagungen auferlegt, und so viele Entbehrungen fordert, nicht nur empfänglich zu machen, sondern ihm auch ein Behagen an demselben beizubringen; sein Loos zu erleichtern, und ihm so angenehm als möglich zu machen! Ohne die hieraus fließenden guten Eigenschaften würde ein Feldsoldat auch nur einen sehr untergeordneten Werth haben.

Das Leben eines Feldsoldaten hat aber nicht nur seine

Mühen und Beschwerden, es hat auch seine vielen und hohen Freuden, so daß Entsagungen und Genüsse wechseln. Eben deshalb, weil sein Stand mit so vielen Entbehrungen verknüpft ist, berechtigt er auch den Soldaten um so mehr zur Theilnahme an den Freuden; denn wer dem Tode ins Angesicht schauen soll, darf auch die Freuden des Lebens genießen. Diese dürfen ihm daher nicht mißgönnt, vielmehr dargeboten werden, wo sie sich aber darbieten, muß ihm auch alle Theilnahme an denselben vergönnt sein, um ihn in den schweren Pflichten seines Berufes aufzuheitern. Dieses Leben dem Soldaten von einer solchen anziehenden Seite darzustellen, wie es sie wirklich hat, ist auch eine Pflicht der Führer, und gehört mit zu den Vorbereitungen für den Krieg. Es wird um so mehr die größte Wirkung hervorbringen, je ungekünstelter und natürlicher es dem Soldaten gezeigt wird.

So freundlich der Soldat auch mit Andern umgeht, so muß er doch Geheimnisse vor ihnen haben und bewahren; solche nämlich, die das innere Leben seiner Truppe angehen, in welches kein Uneingeweihter schauen darf; ferner alle die zugehörige Abtheilung betreffenden Befehle und sonstigen Korpsmittheilungen.

Der Soldat soll niemals zweideutig, lieblos oder schlecht von einem seiner Kameraden weder selbst reden, oder reden lassen, noch darin einstimmen; nicht auf seine Vorgesetzten, seinen Truppentheil, die Armee, oder seine Nation bezügliche unziemliche Redensarten anhören. Den Lästerer muß er als Verläumder und seinen Feind ansehen, und fortan vermeiden.

Gewöhnlich pflegt man die Leute mit den Vorrechten ihres Standes, und oft mit denen ihrer Waffe bekannt zu machen; beides muß jedoch nur von einer solchen Seite geschehen, daß sich die Leute keinem Dünkel hingeben, durch

Aufgeblasenheit sich nicht schaden, und daß dadurch keine Veranlassung zur Uneinigkeit zwischen den verschiedenen Waffen gegeben wird. Man muß ihnen hiebei einschärfen, daß der Genuß eines Vorrechtes erst dann eintreten darf, wenn die letzte Pflicht erfüllt, die letzte Schwäche abgelegt ist. Von dem, was Vorzügliches in ihm ist, muß zwar ein Jeder durchdrungen sein, es darf aber gegen Andere nicht geltend gemacht werden; denn es kommt nicht immer darauf an, was der Mensch ist, besitzt, oder wofür er sich selbst hält, sondern darauf, wofür ihn die Andern halten. Hält man sich aber für den Ausgezeichnetsten, und seine Waffe für die wichtigste im Heere, so erhebt man sich im Geiste über die Andern, und würdigt diese leicht unter ihren Werth herab. Die Leute mögen sich sonst immerhin für etwas Besonderes halten, aber nicht mit Unrecht, sondern mit Recht. Die alte Napoleonische Garde hielt sich für unüberwindlich; aber sie war es auch! Im Frieden finden wohl Vorrechte und Rangverhältnisse statt, vor dem Feinde jedoch nicht. Hier sind sich Alle gleich; ein Jeder sucht in seiner Art seinen Antheil zu dem allgemeinen Zwecke beizutragen, und nur der Tapferste und Bravste erhält den Vorzug.

Bei einer jeden Waffe sucht man die Leute mit den besondern Vortheilen und Leistungen derselben vertraut zu machen, und mit Hinweisung auf die hieraus folgende eigenthümliche Kraft, durch welche sie oft den Ausschlag giebt, zu erheben und zu enthusiasmiren. Dieses ist auch ein ganz richtiges Prinzip, denn es ist billig, daß dem Manne alle Vortheile seiner Waffe so anschaulich, als nur möglich, dargethan werden, damit er ihr ganz zugethan sei, und eine Vorliebe für dieselbe zeige, ohne deshalb geringschätzend auf Andere herabzublicken, was immer einen kleinlichen Sinn verrathen würde. Dies verleiht einer jeden Waffe einen eigenthümlichen Geist, der sich besonders ausspricht, er darf sich jedoch nie von dem eigentlichen soldatischen entfernen; dieser muß vielmehr stets vorherrschend sein.

Der Geist der ältesten Waffe, der Kavallerie, war von jeher der beste. Schon in den alten Zeiten bei der strengen Disciplin wurden Arreststrafen mit dem besten Erfolge bei ihr angewendet, was einen hohen Grad von Ehrliebe voraussetzt, und es war schon entehrend, von der Truppe fortgeschickt zu werden, weil der Mann sicher war, von keiner andern angenommen zu werden. Diesen guten Geist hat sich die Kavallerie durch alle Perioden erhalten, und bewahrt ihn noch. Sie soll: frei, keck, entschlossen, sich unabhängig dünkend, und Zuversicht ausdrückend, auftreten und schnell handeln. Bei dieser Waffe wird dem Pferde gleiche Aufmerksamkeit, als dem Menschen, geschenkt, da beider Ausbildung und Wohl unzertrennlich an einander gebunden sind, denn es gilt als Regel, daß Mann und Pferd stets nur ein Ganzes bilden sollen; er darf nur für sein Pferd leben, von dem seine Marschfähigkeit, Sicherheit und Ehre abhängen.

Der Geist der heutigen Infanterie ist so gut, als er früher noch nie dagewesen war, und wie er nur jemals so gewünscht werden konnte. Es schadet jedoch dieser Waffe, daß sie alles in sich aufnehmen muß, was zu den andern Waffen nicht geeignet ist, wodurch sie oft viele schwächliche oder mit mancherlei körperlichen Mängeln behaftete Subjekte, besonders zur Zeit des Krieges, erhält, die den großen Beschwerden auf Märschen, welchen Infanterie weit mehr, als die andern Waffen, ausgesetzt ist, nicht gewachsen, als Marode zurück bleiben, und ihrem Ansehen, wie jedem guten Geiste schädlichen Eintrag thun, was auf das Ganze nachtheilig rückwirkt, da nicht zu läugnen ist, daß ein solcher Fußgänger nicht so frei um sich schauen kann, als der fehlerfreie, starke, emporsitzende und durch den Marsch viel weniger fatiguirte Reiter. Bei der Infanterie muß daher der körperlichen Ausbildung des Menschen zur Ertragung von Beschwerden aller Art besondere Sorgfalt gewidmet, und dem Führer immer große Anerkennung werden, der seine Abtheilung möglichst vollzählig zu erhalten vermag. Mehr als die andern Waffen selbstständig, bald in der Masse, bald zerstreut fechtend, verlangt die letztere Fechtart auch einen hohen Grad geistiger und selbstständiger Ausbildung, und der eigenthümliche Geist der Infanterie drückt sich nicht bloß durch Ruhe, Besonnenheit und Ausdauer aus, ja der brüske Angriff, die Wegnahme einer feuernden Batterie, die Erstürmung eines befestigten Postens ꝛc. fordern Kühnheit von ihr.

Die Artillerie hatte früher einen zu sehr eigenthümlichen, ihrer Entwickelung schädlichen, die Kameradschaft mit den andern Waffen nicht fördernden, nicht recht soldatischen Geist, hat aber denselben nicht nur ganz abgelegt, sondern sich auch seit den letzten Feldzügen gerechte Ansprüche auf vollkommene Gleichstellung erworben, die ihr auch die andern Waffen gern gewähren, und die sie sich künftig in einem noch erhöhtem Grade sichern wird.

Der eigentliche artilleristische Geist läßt sich schwer ausdrücken, da derselbe von der Unerschrockenheit und Kühnheit bis zur resignirtesten Ergebung des fahrenden Kanoniers, der im Gefechte dem Feinde den Rücken zukehren muß, und der bei der Fußartillerie keine schickliche Waffe zur Selbstvertheidigung besitzt, alle Eigenschaften in sich vereinigt. Indeß ist die Artillerie mehr Kavallerie als Infanterie, und muß sich den Geist der erstern zugesellen, so daß dieser vorherrscht, die reitende Artillerie muß ihn aber ganz besitzen.

Die Fußartillerie, bisher niedergehalten, ohne daß deshalb die reitende besonders hervorgehoben wurde, entlehnte bis jetzt ihren Geist von der Bedienungsmannschaft, die, weil sie zu Fuß ist, ihren auch als kühne Reiter ausgebildeten fahrenden Kanonieren Fesseln anlegte. Die neue Ausrüstung mit erleichtertem oder beweglicherem Material wird sie aber von den Hindernissen, die sie bisher bedrückten, künftig befreien, und dies wird den zeitherigen, von Schwerfälligkeit und Langsamkeit zum Theil geleiteten, Geist von ihr verbannen, und ihr erst die rechte Stellung anweisen. Sie wird dadurch fähiger sein: aus dem jetzigen beschränkten Verhältnisse zur Infanterie mehr heraus zu treten; zu schnelleren Bewegungen die erforderliche Beweglichkeit sich noch mehr anzueignen; dadurch entfernt liegende Punkte des Schlachtfeldes früher zu erreichen; im Falle der Noth auch mit der Kavallerie zu manövriren; überhaupt im Geiste der reitenden Artillerie zu handeln; mit dieser zu wetteifern, oder sie zu ersetzen; mit größerer Wirksamkeit aufzutreten; die Truppen mehr zu unterstützen; zu allen Forderungen der jetzigen Taktik und künftigen Kriegführung geschickter zu sein; und endlich die Aufgabe jeder Artillerie am Anfange eines Krieges nach einem langen Frieden mehr zu erfüllen. Die Artillerie verlangt körperlich starke, fehlerfreie, nach allen Richtungen ausgebildete, zum selbstständigen Handeln befähigte Mannschaft. —

Muß man schon in der Erklärung der Vorrechte Rücksichten nehmen, um so mehr muß es mit dem Geiste geschehen, von dem die Truppe belebt werden soll, denn sehr oft erzeugt ein falsch gedeutetes Vertrauen zur Waffe nur thörichten Uebermuth, der die nöthige Eintracht zerstört, und oft wird ein unzeitiger, oder falscher Geist erweckt, der leicht über den Kopf wächst, und gebändigt, oder wieder herausgetrieben werden muß, so daß der Soldat durch das, was ihn erheben soll, nur irre geführt wird. „Wie überaus schwer es ist, einen einmal eingewurzelten schädlichen Geist aus einer Truppe zu vertilgen, davon liefern Truppentheile aller Armeen Beweise. Man ziehe unter andern nur in Betracht, wie unsäglich und unselig lange oft das Makel einer zweideutigen Tapferkeit an einer Truppe haften bleibt!"

Ist der Soldat, was ihn von Hause aus erheben muß, weil es die erste Bedingung seiner Existenz ist, Krieger eines Landes, das seinen Werth erkennt; ist er einzeln gut ausgebildet und instruirt, und fühlt er dieses selbst, so fängt er auch an, den Kopf höher zu tragen, und sein ganzes Wesen drückt es aus, daß er etwas bedeutet, denn er fühlt eine gewisse Tüchtigkeit in sich. Besteht die ganze Truppe aus solchen Leuten, ist sie wohl disciplinirt und als ein wohlgeordnetes Ganze im Rufe, so wird ihr auch der eigentliche wahre Geist: der Tüchtigkeit und Brauchbarkeit, nicht fehlen. „Es ist der Geist des Vertrauens zu sich selbst, den jede Truppe durch das Gefühl und Bewußtsein ihrer Tüchtigkeit gewinnt, der genährt, gepflegt und erzogen dieselbe fähig macht, auch das unmöglich Scheinende möglich zu machen!" Der Kommandeur muß aber diesen Geist gehörig leiten, damit er keine falsche Richtung annimmt, so wie er auch denselben beleben und verstärken muß.

Der Geist, der die Truppen beseelen soll, gründet sich außerdem auf die Eintracht, welche Einheit und Macht erzeugt, und den Gemeinsinn. Beide entstehen durch die Zuneigung aller Kameraden, durch festes inniges Zusammenhalten an einander. Durch sie wird die Mannschaft eng mit einander verbunden, das Selbstvertrauen eines Jeden erhöht, und das innere Leben mit der sich hierauf gründenden Stärke der Truppe erzeugt.

Dasselbe Vertrauen, welches jeder Einzelne in einen männlichen Glauben an sich selbst, und in den Beistand seiner Kameraden setzt, muß er auch auf seinen Anführer, seine Waffe, und in die Unterstützung durch die andern Waffen gewinnen. Auf diese Art entstehen außer dem Geiste der Kamerad-, Korporal- oder Gespannschaft ꝛc. noch der der Kompagnie, Eskadron, Batterie, des Korps und der Armee, welchem letzteren, als dem allgemeinen Geiste, der alles umschließt, und zum Ganzen verbindet, alle andern, so fest sie sich auch im Einzelnen aussprechen dürfen, untergeordnet sind.

Seinem Feldherrn muß der Soldat gänzliches, völlig unbedingtes Vertrauen schenken. Ein solches Vertrauen verbunden mit einem gleichen zum eigenen Anführer, und zur eigenen Kraft muß Truppen beiwohnen, und wird sie stets zu den größten Thaten fähig machen!

Insbesondere muß dem Soldaten viel Selbstgefühl eingepflanzt werden: „er muß sich fühlen können!" Dahin muß seine ganze Erziehung geleitet werden!

Dieses Selbstgefühl besteht in der Anerkennung seines eigenen Werthes, begründet durch seine hohe Bestimmung, der Vertheidiger der Rechte seines Landesherrn und Vaterlandes zu sein, und durch reelles Wissen, Können, Wollen und Leisten, getreue Pflichterfüllung, Tüchtigkeit in seinem Berufe, und der dadurch ihm zukommenden öffentlichen Achtung und Werthschätzung erzeugt. Dieses Selbstgefühl muß jeden Soldaten ohne Unterschied beseelen, und wird ihn im Fortstreben weiter führen. Daraus erwächst das Selbstbewußtsein und Hochgefühl der Kraft, die zu großen Thaten ermuthigen. Der Soldat muß wissen, daß er ein nothwendiges Glied in der Kette der Armee sei; daß Jeder nach seiner Kraft und Fähigkeit zum Wohle des Ganzen beitragen müsse, und dadurch auch seinen Antheil am Gelingen und Ruhme erhalte ꝛc.

Um ihn mit den Leistungen seines Standes vertraut zu machen, muß er aus dem reichen Schatze der Kriegsgeschichte Mittheilungen der unzähligen Beispiele von rühmlichen Waffenthaten und hochherzigen Handlungen erhalten, und erfahren: wie zu allen Zeiten Einzelne Thaten verrichtet haben, die dem Ganzen ruhmvoll waren, oder es nicht selten vom Verderben retteten; wie die Besonnenheit des Einzelnen oft die Erhaltung des Ganzen bewirkte; wie große Besonnenheit den Soldaten nie in Verlegenheit bringt; wie Einzelne den gesunkenen Muth zu beleben, das Ganze wieder zu ermuthigen vermochten; wie ein gutes Beispiel, von dem Gemeinen ausgehend, eine desto größere Wirkung auf die Verzagten und Kleinmüthigen übte; und wie eine Handvoll Braver oft ganze Armeen aufgehalten hat u. s. w.

Endlich gehören hierher noch die Erzählungen derjenigen ausgezeichneten Thaten und Beispiele hohen Muthes, treuester Hingebung ꝛc. welche die schönsten militärischen Eigenschaften und Tugenden dem Soldaten überzeugend darstellen, als: gute Kameradschaft, Liebe und Anhänglichkeit an einander, Gewandtheit, Herzhaftigkeit, Entschlossenheit, Besonnenheit, Muth, Hingebung für Kameraden und das Vaterland, Verachtung der Gefahr, ausgezeichnete Tapferkeit ꝛc.

Solche Erzählungen geben alsdann außerordentlich vielen Stoff zu Unterhaltungen, Belehrungen und Berichtigungen; sie machen den Soldaten mit den Leistungen im Gebiete seines Berufes bekannt, und vertraut; erheben, ermuthigen, ermuntern, und spornen ihn zur Nachahmung und Gleichstellung an. Beispiele dieser Art liefert die ganze Kriegsgeschichte von den ältesten Zeiten an; auch hat deren jede Armee genug verzeichnet. —

„Die größte Kraft einer Armee ist die moralische, und beruht auf dem Bewußtsein der eigenen Kraft, dem Vertrauen zu den Anführern und dem Feldherrn, und solchen Gefühlen, die aus der Gerechtigkeit der Sache hervorgehen, die den Krieg veranlaßte.“ Diese moralische Kraft erhöht das Selbstvertrauen, verdoppelt die Kräfte und bewirkt das Ausharren in hartnäckigen Gefechten und Drangsalen. „Eine Armee, die von einer solchen Kraft beseelt ist, kann wohl geschlagen, aber nicht überwunden, nicht besiegt werden; ein Unglück verleiht ihr vielmehr eine höhere Spannkraft und erzeugt den ernsten und festen Willen, den Unfall durch eine neue entscheidende That wieder auszugleichen. Diese Kraft war es, welche die Preußen den zweiten Tag nach einer verlornen Schlacht einen großen Sieg erkämpfen ließ, und die sie nach unerhörten Anstrengungen der vorhergehenden Tage auch noch fähig machte, eine so beispiellose Benutzung dieses Sieges — die gänzliche Vernichtung der feindlichen Armee — zu bewirken, wozu die andere Armee nicht fähig war.“

Hiernach hat zwar die Sache, für welche gefochten wird, auch einen sehr großen Einfluß, wie es die letzten Kriege beweisen; sonst aber gehen die Ursachen, die den Krieg veranlaßten, den Soldaten durchaus nichts an, der sich: *stets für seinen Fürsten und Landesherrn, aus Eifer für seine eigene Ehre, und um die Ehre der Fahnen willen, brav schlagen muß!*

Was daher der Feldherr für Instructionen habe, ist nicht

Sache des Soldaten zu erforschen. Fürst und Vaterland sind für ihn gleich bedeutend, denn in dem Fürsten lebt das Vaterland, und Liebe, Treue, unerschütterliche Anhänglichkeit, und unbedingte Hingebung für den Landesfürsten und Herrn in den Herzen der Soldaten zu erzeugen, zu pflegen und zu erhalten, seinen Befehlen unbedingt zu gehorsamen, wird zur höchsten und heiligsten Pflicht.

Indem die Offiziere befehlen, gehorchen sie dadurch auch nur dem Willen des Landesherrn, so daß ihre Befehle nichts anders, als Folge ihres eigenen Gehorsams sind, so wie die Gemeinen wieder den Offizieren, also Alle ohne Ausnahme, und ohne zu fragen, ob die Befehle auch gut oder nützlich sind. Durch die Befehle der Offiziere werden aber die Soldaten erzogen, gebildet, und zu allen Forderungen des Krieges fähig gemacht: dadurch aber der Wille des Landesherrn erfüllt. —

„Die Tapferkeit beruht auf dem Willen, und die Kraft des Willens entscheidet zuletzt über alle Schwierigkeiten hinaus. Es ist nur die Pflicht der Anführer, sie zu leiten, zu heben, und ihr durch geschickte Anordnungen zu Hülfe zu kommen.“ „Sie ist ein anerkanntes altes Erbtheil der Vorfahren, die sie da, wo es auf körperliche Stärke, und persönliche Bravour ankam, und wo die Kraft und Wucht des Schwertes, und nicht List und Tücke entschieden, aus gleichem rechtem Kampfe stets als Sieger gehen ließ.“

„Der Werth eines Volkes besteht, nächst dessen moralischer Tüchtigkeit, in dem Ruhme, mit welchem es die Geschichte nennt.“ „Die Thaten der Vorfahren sind aber eine Mahnung an die Nachkommen, sich der großen Vorbilder würdig zu zeigen, und den erworbenen Ruhm zu erhalten;

und dieser wirkt so lange belebend auf sie, so lange sie auch Erben der alten Tugenden der Vorfahren sind."

Der Ruhm der Thaten der Armee erbt sich fort. Auf diese Thaten sind gegründet die Ehren, die den Truppen zu Theil werden, der Vorzug, der ihnen bei besonderen Gelegenheiten erwiesen, und das Vertrauen, und die Zuversicht, die ihnen in entscheidenden Momenten geschenkt werden, wenn auch Niemand mehr am Leben ist, der Zeuge jener Thaten gewesen war.

Die Regimenter sind die eigentlichen Bewahrer des Ruhms und der Thaten der Armee. Sie müssen eine jede bemerkenswerthe Handlung sorgfältig aufzeichnen, aufbewahren, und den Nachkommen zur Erhebung, Begeisterung, Nacheiferung und Gleichstellung überliefern. Solche Ueberlieferungen müssen auch bei besondern Gelegenheiten der Mannschaft mitgetheilt werden, was bei dem steten Wechsel derselben, besonders bei kurzer Dienstzeit, nöthig wird, um das Andenken an dieselben in dem Heere und Volke weder erkalten zu lassen, noch weniger in Vergessenheit zu bringen, vielmehr zu verbreiten und in Ehren zu erhalten. Gleich den Fahnen, muß dem ruhmreichen Andenken ausgezeichneter Männer stets große Verehrung zu Theil werden, und das Bestreben vorherrschen, als Nachfolger sich derselben würdig zu zeigen, wodurch zugleich auch dem Vertrauen des Landesherrn und des Vaterlandes am besten entsprochen wird.

Der verdiente Ruf eines Truppentheils verbreitet sich schnell, verbleibt und sichert ihm nicht nur in der eigenen Armee große Achtung und bei den Nachkommen bleibenden Nachruhm, sondern auch beim Feinde ein ehrenvolles Andenken, der Regimentern von gutem, seil langen Zeiten wohlerhaltenem Rufe weit mehr Aufmerksamkeit auf dem Schlachtselbe zu schenken genöthigt wird, als jüngern. Einem Regimente von Ruf anzugehören, schafft daher auch stets große Vortheile, indem zugleich auch das Selbstgefühl eines Jeden desselben auf eine angenehme Weise erhöht wird.

Die alten Regimenter, im Besitze des Ruhmes ausgezeichneter Thaten der Vorfahren aus ihren Reihen entflossen, erhalten dadurch eine größere Zuverlässigkeit, so wie einen Vorzug vor dem Feinde gegen jüngere, ungeachtet der beständigen Erneuerung der Mannschaft. Sie müssen diesen erworbenen Ruhm sorgfältig erhalten und bewahren, neuen zu erkämpfen streben, und sich in dem alten guten Rufe stets von Neuem bewähren. Die neuen Regimenter müssen sich erst Ruf und Ruhm erkämpfen, durch muthige Hingebung sich bewähren, und mit den alten Regimentern eifersüchtig wetteifern. —

Nach der Bestimmung der Bundesakte stehen die sämmtlichen Armeen der Staaten jederzeit zum Kriege gerüstet, zur augenblicklichen Verfügung des Bundes bereit, um, wie im letzten Freiheitskriege, wo sich die deutsche Kraft, nachdem sie bis dahin leider zu oft zersplittert, oder zu fremden Zwecken gemißbraucht worden war, sich endlich vereinigte, gemeinsam zu gleichem Zwecke verwendet zu werden. Es sind aber seit jener Zeit alle Waffen bedeutend vorwärts geschritten, und haben durch ihre Vervollkommnung eine vermehrte Wichtigkeit erhalten. Sie wetteifern noch mit einander, empor zu kommen, einander zu übertreffen und sich zu noch größeren Erfolgen vorzubereiten. Das Material ist überall zweckmäßiger geändert und verbessert, die Waffen selbst geben eine vermehrte Feuerwirkung, und, was die Hauptsache ist, die Mannschaft, durch welche hauptsächlich alles zu erreichen ist, hat eine viel sorgfältigere Ausbildung erhalten. Eine andere Art des Auftretens bei einer viel bessern Vorbereitung, und bei viel mehr Hülfsmitteln, als jemals, ist zu erwarten! Daß sich aber, wenn es gilt, die Interessen des gemeinsamen Vaterlandes zu wahren, sicherlich derselbe Geist wieder einfinden wird, der zuletzt die Deutschen gegen den allgemeinen Feind vereinigte, darf nicht in Zweifel gezogen werden. Alle Anzeichen der letzten Zeit bekunden vielmehr eine noch nie in dem Grade bestandene Einigkeit und festes Zusammenhalten der Deutschen, die für die Zukunft die schönsten Früchte zu tragen versprechen.

In die geübten, wohl disciplinirten, gut ausgebildeten, geschickten, treuen und tapferen Heertheile muß daher, bei der vielfachen Getheiltheit der Bundesarmee, noch der Geist einer großen Lebendigkeit gebracht werden, die jedes Zögern entschieden ertödtet, ohne welche das erste Auftreten weder wirksam, noch von Erfolg sein würde. Es ist der mächtige Geist, durch das im letzten Kriege begeisternde Heldenwort Vorwärts! bezeichnet, das stets jeden Feldsoldaten mit neuem fröhlichen Muthe erfüllt, und das, wenn die allgemeine Führung der Bundeskräfte in eine geschickte Hand gelegt wird, Erfolge herbeiführen darf, wie sie die Geschichte der Deutschen bisher nicht aufzuweisen vermag.

Pflichten des Offiziers.

Die Offiziere bilden den ausgezeichnetsten und edelsten Theil des Heeres. Von ihnen geht Alles aus, und durch sie wird der Soldat zu Allem geschickt gemacht. Sie sind ihm das Vorbild aller militärischen Tugenden, und diejenigen, welche in ihn den militärischen und kriegerischen Geist pflanzen, fortwachsend erhalten, und dem Heere den belebenden Geist verleihen. Ihr Sinn, Wesen und Geist überträgt sich auf die Soldaten, und strahlet von diesen wieder zurück.

Die einem Offiziere nöthigen Eigenschaften des Herzens und des Geistes besitzt zwar nicht ein Jeder, doch dürfen sie auch nicht als angeboren gefordert werden, da sie auch anerzogen und ausgebildet werden können, sobald nur einige Hoffnungen dazu berechtigen. Es steht aber fest, daß sich solche nicht so häufig in den niedern Klassen, viel mehr dagegen in den höheren vorfinden, und daß dagegen auch diejenigen, die sich diesem Berufe widmen, ihre Befähigung hiezu nicht nur durch eine besondere und sorgfältige Erziehung, so wie durch vielseitige Ausbildung erwerben, sondern auch später jede übrige Zeit zur Ergründung ihres Berufs benutzen müssen.

Wer künftig andern befehlen will, muß sich hiezu vorbereitet und unterrichtet, vornehmlich aber früh genug sich erst selbst erkennen und regieren, und auch gehorchen gelernt haben. Er muß einen starken, festen Charakter, ein kräftiges, durch nichts zu erschütterndes Gemüth haben, um dereinst desto kaltblütiger überlegen zu können, wenn Gefahren ihn umschweben; eine thätige Beobachtungsgabe, und diejenigen Eigenschaften des höheren Menschen besitzen, die ihm eine auf Ueberzeugung beruhende Anerkennung seiner künftigen Untergebenen sichern, um dadurch desto größern Einfluß auf sie zu erhalten. „Damit er nie aus seiner Rolle falle, muß er ein *Herz zum Soldaten* haben. Ein Mensch mit kaltem harten Herzen ist nirgends an seiner Stelle, am wenigsten als Offizier." Vor Allem ist ihm aber Menschenkenntniß unentbehrlich. Diese Eigenschaften, und die empfangene wissenschaftliche und kriegswissenschaftliche Bildung befähigen ihn zu dieser höhern Stellung, und sein Ehrgefühl spornt ihn an, seinen Platz auszufüllen, und den Untergebenen in allen Stücken zum Muster zu dienen. —

Was der Feldherr für Alle, ist der Unterbefehlshaber für seine Abtheilung: die Seele der Truppen. Der Offizier muß als Führer mit allen Kenntnissen ausgerüstet sein, die zur guten Führung nothwendig sind, dergestalt, daß er, außer von seinen Vorgesetzten, von Keinem übersehen wird.

Betrachtet man den Soldaten in seinen besten Eigenschaften, so wird man auch bald gewahr, worauf es ankommt, und erkennt die Pflichten, Mittel und Wege, die dahin führen, sie ihm anzueignen. Diese sind aber: unbedingter Gehorsam gegen Obere, völliges Vertrauen in ihre Befehle, und der entschiedene Wille, solche auszuführen.

Vor allen Dingen muß sich der Offizier Gehorsam zu verschaffen wissen, und durch seine Kenntniß des Dienstes und aller Verhältnisse, durch Ertheilung stets bestimmter Befehle, ohne Schwanken und Unentschlossenheit blicken zu lassen, durch seine moralische und individuelle Ueberlegenheit in jeder Hinsicht, und eine gewisse Art und Weise, wie er den Gehorsam fordert, wird er ihn auch erhalten. Denn obgleich der Soldat an und für sich dem Offiziere Gehorsam schuldig ist, so soll er solchen, außer aus Pflicht, auch noch gern und freudig leisten.

Der Soldat achtet aber den Offizier nicht bloß seiner Gewalt über ihn, sondern auch seines Charakters wegen, und dieses erzeugt auf die Länge der Zeit auch die sicherste Gewähr seiner Ueberlegenheit. Wenn aber die Leute den Gehorsam aus Ueberzeugung üben, und Alles, was sie thun, aus Zuneigung, welche der Offizier in ihnen erweckt, erfüllen: so ist auch Alles gewonnen, auch die Schlacht, fast ohne Ausnahme, und wenn dann einst durch Unglücksfälle Alles verloren gehen sollte, so bleibt doch die Ehre!

„Weil das Beispiel von oben herab am Meisten wirkt, und diejenigen Lehren den meisten Eingang finden, die man von dem Lehrmeister selbst geübt sieht," so muß der Offizier dem Gemeinen in Allem durch gutes Beispiel vorangehen. Verlangt er daher Gehorsam, so muß er solchen selbst, und zu jeder Zeit zeigen; stets zuerst das Beispiel der Subordination und Disciplin geben, seinen Willen dem der Disciplin unterordnen, und nie selbst das thun, was er dem Soldaten verbietet, so daß dieser hierin niemals irgend einen Zweifel in seinen Offizier setzen kann. Auch soll der Offizier in Allem so sehr Meister sein, daß er sich nie Blößen giebt, und nie kompromittirt wird.

Der Offizier soll ferner ausgerüstet sein mit wissenschaftlicher und kriegswissenschaftlicher Bildung, um die ihm fehlende Kriegserfahrung dadurch einigermaßen zu ersetzen, denn gute Instruktionen ersetzen zum Theil Alter und Erfahrung.

Nicht alle Erfahrungen, welche die Kriegsgeschichte und die Zeitgenossen mittheilen, sind von ersprießlichem Nutzen, da fast jedes Zeitalter andere macht, mit der Zeit sich Alles, sogar der Mensch selbst, ändert, und die Vorfälle sich niemals wieder auf dieselbe Art ereignen. Viele Erfahrungen noch aus der Vorzeit zeigen sich stets bewährt, und gelten als ewige Wahrheiten. Andere haben nur von einem Kriege zum andern eine Geltung, bis wohin sie zur Norm dienen, um wieder durch neu gemachte verdrängt zu werden. Noch andere endlich sind gar nicht nachahmungswerth, wohin nur zu viele Friedenserfahrungen gehören, die während eines langen Friedens die im letzten Kriege gemachten oft verdrängen. Aber die Kenntniß vieler Erfahrungen Anderer giebt nach Prüfung und richtiger Beurtheilung derselben dem des praktischen Krieges noch unkundigen Offiziere Anleitung und Mittel an die Hand, sich selbst und seinen Untergebenen rathen und helfen zu können, und erspart ihm manches Lehrgeld so lange, bis er selbst hinreichende Erfahrungen gemacht hat, und sich durch eigene Erfahrungen selbst genug ist, denn: nur eigene Erfahrungen bilden den Soldaten!

Der Offizier soll endlich noch in der Führung von Untergebenen bereits vielseitig praktisch geübt sein.

Wünscht man sich schon für den Gemeinen und den Unteroffizier den höchst möglichen Grad von selbstständiger Ausbildung, um so viel mehr ist letztere für den Offizier zu fordern, da er nur durch diese zum Selbstbewußtsein seiner Tüchtigkeit gelangt, die ihm erst das Anrecht zur Führung giebt. Der Offizier muß nicht bloß die Schule des Friedens durchgemacht, und viel kommandirt haben, sondern es muß ihm, ohne seinen Wirkungskreis durch Eingreifen in das Einzelne zu beschränken, auch bei dem Kommandiren in den verschiedenen Stellungen des ausübenden Dienstes sein selbstständiger Antheil unbehindert, und unverkürzt gelassen worden sein, damit er Gelegenheit zur Entwickelung und selbstthätigen Uebung der eigenen Fähigkeiten erhält, durch welche er allein nur zu eigenen ihn bildenden Erfahrungen, und durch diese zu der Höhe einer gründlichen vielseitigen Praxis gelangen kann. In keinem Verhältnisse fremd geblieben, vielmehr in Allem Vorgekommenen zur richtigen Beurtheilung gelangt, wird er auch sicher in Allem sein, vermag er Alles zu übersehen und zu überwachen.

Er wird dadurch zu einer Selbstständigkeit gelangen, die nicht bloß sein Selbstvertrauen erhöht, sondern auch das Bewußtsein der eigenen Tüchtigkeit in ihm erweckt, durch die er fähig wird, in den verschiedenen Lagen des Krieges die Verhältnisse kaltblütiger zu beurtheilen; eine größere Sicherheit im Handeln zu zeigen, die ihn mehr vor Fehlgriffen bewahren wird; stets das Zweckmäßigste zu ergreifen; und Alles mit größerer Umsicht auszuführen.

Nur der, welcher eine solche Ausbildung erhalten hat, ist zur Führung des Kommandos geschickt, und bleibt für alle Eindrücke unbefangen, die ihn noch erwarten. Wo jedoch dieses Gefühl fehlt, mangelt auch die Grundbedingung zu jeder Führerstelle. Die Erfahrung lehrte auch stets, daß Soldaten in allen Armeen demjenigen Führer den Vorzug gegeben haben, und daß ein solcher auch Alles über sie, und mit ihnen auszurichten vermag, der, außer mit allen Verhältnissen bekannt, eine praktische Bekanntschaft mit dem Menschen zeigte, ihn zu behandeln, zu kommandiren verstand; der am Meisten Soldat und Praktiker war.

Da jedoch, wo der Oberste sich um das Kleinste bekümmert, oder gar dasselbe ausübt, werden die Zwischenchargen nicht zur höheren Stellung vorbereitet! „Offizieren, die jahrelang einen Zug schließen müssen, ohne jemals mit der Führung desselben beauftragt worden zu sein, oder solchen, die eine Abtheilung haben, sich aber nicht um dieselbe bekümmern dürfen, so gern sie es auch wollten, wird dadurch ihr Stand nur verleidet. Für einen Offizier von Ehre ist nichts fürchterlicher, als müßig einher zu schlendern, und gar nichts zu sagen, oder zu bedeuten zu haben! Nichts ist nachtheiliger, nichts tödtet mehr den Geist, und die Lust zum Dienste, als gezwungene Unthätigkeit und stete Bevormundung! Woher soll denn das Selbsthandeln mit einem Male kommen, wenn nie eine Gelegenheit dazu gegeben wird? Wie oft muß nach einer Schlacht der jüngste Lieutenant eine Kompagnie, ein älterer vielleicht ein Bataillon führen! Was wird er anfangen, wenn er sich bis dahin nur darauf beschränkt sah, einen Zug zu schließen?" —

Die Pflichten des Offiziers sind schon im Frieden groß, und in ihrem ganzen Umfange schwer zu erfüllen. Die Zeit hat dem Soldaten eine andere Stellung im Lande gegeben, und in unserer Zeit, in welcher aus den angezeigten Gründen eine andere Behandlung des Soldaten, und eine viel größere Einwirkung des Offiziers auf denselben, als jemals, nothwendig geworden ist, ist auch das Befehlen viel schwieriger geworden. Die viel größeren Anforderungen an Vorgesetzte und Untergebene nehmen außerdem die Thätigkeit des Offiziers viel mehr, als früher, in Anspruch, und die viel öfteren Berührungen mit dem Gemeinen fordern den Offizier auf, weit mehr über sich selbst zu wachen, und stets Herr seiner selbst zu bleiben! ohne welche Herrschaft über sich selbst sein Ansehen und seine Würde leicht gefährdet werden könnten: da die Soldaten ihren Vorgesetzten auch beurtheilen, und von dieser Beurtheilung die Achtung, die derselbe genießt, und die Größe der Wirkung, die er auf die Untergebenen ausübt, abhängen!

Die Pflichten des Offiziers im Kriege sind noch größer, als im Frieden, und auf sie ist hier vorzugsweise hingewiesen worden. Im Kriege erhält der Soldat erst seine eigentliche und höchste Ausbildung, wird allmälig ein selbstständiger, aus sich selbst handelnder, kriegsgeschickter Mann. Ist aber dieses Ziel erreicht, und ist demselben nichts weiter zu wünschen, so wird das Befehlen noch schwieriger, weil in solchen Verhältnissen bei noch vorkommenden Uebelständen die Schuld nur allein auf das Befehlen fallen kann.

Auf gute Offiziere kommt in jeder Armee Alles an, „die

zu ihrer Führung des Charakters, des Verstandes, und der Kenntnisse der Führer bedarf." „Der gute Wille der Leute, aus Pflichtgefühl und Anhänglichkeit an die Vorgesetzten hervorgehend, die Ueberzeugung, daß diese nur das Zweckmäßigste befehlen, beweisen einen ächten Geist, und sprechen für die Gediegenheit der Offiziere." Wo aber ein solches Pflichtgefühl und gegenseitiges Vertrauen im Bunde stehen, braucht man, kommt es zum Handeln, wegen des Ausgangs nicht besorgt zu sein. Alsdann ist auch die Erfüllung der Ersten Pflicht: die Ehre des Landesherrn, des Volks und der Fahnen stets aufrecht zu erhalten, und von Neuem zu verherrlichen keinem Zweifel unterworfen!

FSC
www.fsc.org
MIX
Papier | Fördert gute Waldnutzung
FSC® C083411

Kolibri 360 GmbH
Ferdinand-Jühlke-Straße 7
99095 Erfurt, Deutschland
produktsicherheit@kolibri360.de